気高き日本人と闇の権力者たち

中丸 薫
Kaoru Nakamaru

文芸社

デビッド・ロックフェラー氏が統率してきたロックフェラー家内部に、新たに権力争いが勃発している。台頭してきたのは、デビッドの長兄に当たるジョン・D・ロックフェラー3世の長男ジェイ・ロックフェラー氏である。上の写真はそのデビッド・ロックフェラー氏と著者。次ページはジョン・D・ロックフェラー3世と著者（詳しくは第5章で）。

はじめに

近年、地球で暮らす私たち人類は、戦争、テロ、貧困、自然災害など、不幸な出来事を数多く体験・共有するようになっている。これまで安全で豊かな国と考えられてきた我が国も、例外ではない。頻発する大地震で多くの犠牲者を出しているばかりか、長引く不況で貧富の格差も進み、自殺者も増え続けている。また、常識を逸脱したような変質者的な犯罪行為も多発し、私たちは社会のあり方を根本的に見直すべき時期を迎えているような気もする。

ところが、そのような状況において、現在の日本政府は、年金、福祉、教育、平和外交といった問題よりも、道路公団・郵政民営化・ポスト小泉問題などを優先しているように思われる。その点に不信感を抱いている人々が多いかもしれない。事実、政府与党内でも意見が対立し、政局不安が表面化している。そのような我が国の状況を見て、おそらく日本国民の多くは、将来に対して不安を抱えて日々の生活を送っていることだろう。

しかし、このような現状は、裏を返せば、新しい時代の夜明けが近いことを意味するのかもしれない。長い間信じてきた様々な価値観や当然のように頼ってきた社会の仕組みに矛盾が生じ、それが露呈《ろてい》し、崩壊していくことで、新たな方向へ向かって、世の中が大きく転換しつつあると捉えられなくもないからである。

つまり、現在、世界中で起きていることは、私たち人類が明るい未来を体験する前に必要な「大掃除」と言えるかもしれないのだ。

これまでの過去の世界・日本の社会や政治の動きは、多くの場合、偶発的に起きたわけではなく、一部の闇の権力者たちが裏で綿密なシナリオを書いてきた結果であることは、私のこれまでの本で明らかにしてきた通りである。闇の権力者たちは、軍産複合体、産業界、金融界、マスコミを掌握し、陰で操りながら、己の利益のために世の中を動かしてきた。マスコミに情報操作されて、私たちが真実を見落としてきた点も、これまで拙著で繰り返し述べてきた通りである。

しかし、混迷を深める現在の世相は、人類の歩みが、これまでの財力や政治力が支配してきた社会から、平和と慈悲の精神に根ざした社会へ大きく移行しつつあるために生じる混乱と言えるのかもしれない。このような時代のキーワードを私は「〝力の道〟から〝命の道〟へ」と捉えている。いま私たちが体験している「大掃除」ののち、すべての人が心の輝きを取り戻し、幸せを実感して生きられる時代となるのではないか。

では、そうした新しい時代へと羽ばたくために、私たちはこの変革の時期をどう生きればよいのだろうか。

天使の背にある二つの羽のうち、左は「正しい知識」を、右は「人格・人徳」を表すと言われている。すなわち左の羽は「世界や人類についての正しい知識を得ること」、右の羽は「自分の心を透明にすること」を意味するわけだ。これらはいずれも、人間本来の願望と言えるだろう。そしていまこの時期こそ、すべての人が羽を必要としているように思われる。

私も常に、「正しい知識」「人格・人徳」を持とうという想いを胸に秘め、真の世界平和への道を模索しながら、国際政治の舞台で活動を続けてきた。現在までに訪問した国は186ヶ国、出会ったリーダーは200人を超える。国家元首をはじめ政治家や財界人、文化人など、いずれもあらゆる分野でトップレベルの活躍をしている人たちばかりである。

多くのリーダーたちと直接ひざを交えて語らう体験を通して、私は最終的に一つの想いに至った。それは「置かれた環境や立場に違いがあろうとも、世界の人々の心の奥底には共通して平和への願いがある」ということである。そして、「富や名声、権力などが人間に幸せをもたらすのではなく、本当の幸せは一人ひとりの心の中からしか見出せない」ということにも気付いた。

真の世界平和は、一国の元首や大統領によってつくられるものではない。この地球上に住む私たち一人ひとりの心に、平和の願いが宿ったときに初めて具現化されるものである。私は世界の人口の十分の一の人の心に平和が宿ったとき、世界平和が実現すると固く信じている。

そのためには、正しい知識を持つと同時に、太陽のように万物に対して平等に愛と光を放つ心を持つ必要がある。これまで世界中の多くの人々が真実とかけ離れた情報を信じ込み、騙されてきた面がある。そのようにコントロールされた現状を念頭に、本書においても、私は自分が知りえた情報を余すところなく読者の皆様にお伝えしたい。そして、皆さんには真実を知っていただきたい。

ただし、この世の中が闇の権力者たちによってコントロールされていたとしても、私たちは彼らを責めたり、将来に対して悲観的になる必要はない。なぜなら、この世界は、私たち自身の心の鏡として投影されたものであり、私たち一人ひとりの心を、愛と慈悲に満ちたものに変えることができた暁《あかつき》には、おのずとこの世界に平和が訪れるはずだからである。このことは、私自身の体験も通じて、固く信じるものである。

本書が一人でも多くの「光の天使たち」を目覚めさせることを願って……。

中丸 薫

気高き日本人と闇の権力者たち◆目　次

はじめに　1

第1章　疑惑だらけの9・11テロ……13

目次

第2章　アメリカの大統領選挙のひどい実態……111

第7章　米政権に危機！　世界は変わる！

第1章　疑惑だらけの9・11テロ

「カトリーナ」や鳥インフルエンザの背後にちらつく「嘘」

世界の寡頭《かとう》権力者たちは、心理学に基づいた長年の研究によって、人々を家畜化するためには、恐怖、対立、憎しみがいかに有効かを熟知している。

アメリカとカナダを比較すると、銃の所有率はアメリカの方がはるかに低いのに、アメリカではカナダの１００倍以上という驚くべき確率で銃犯罪が頻発している。これは、米市民の方が人種的偏見、特に「黒人の貧困層は何をしでかすかわからない」という幻想に蝕《むしば》まれ、他人に対する警戒心が強いからだろう。

実際には、米社会における黒人の犯罪率が取り立てて高いわけではない。これこそ刷り込み、洗脳のたまものであり、人々はありもしない虚像によって不安や恐怖を募らせ、黒人への憎悪と偏見を増幅させているのである。

テロの恐怖やハリケーンの被害に見舞われた今のアメリカは、その傾向をますます強めているように見える。

皆さんは大型ハリケーン「カトリーナ」のことを覚えておいでだろうか。アメリカでは当初喧伝《けんでん》されていた被災地での暴動や略奪被害が、実は虚報だったことが明らかになってきている。

ニューオーリンズの地元紙によれば、
（1）市民約3万人が避難したスーパードームで、武装グループが200人を殺害したとされたが、実際の死者は10人で、うち4人は病死だった。
（2）約2万人が避難したコンベンションセンターで、武装勢力間の銃撃戦が発生し、多数が死傷したとされたが、そのような事実はなかった。
（3）コンベンションセンターに向かった救援ヘリが狙撃されたとCNNが報道したが、そのような事実はなかった。
という。同紙はこれらの虚報の原因を、避難民の多数が貧困層の黒人だったことに関連づけ、「もし避難民が中流の黒人や白人であれば、人々はもっと冷静であっただろう」という見解を述べている。

そのような論調に拍車をかけるかのように、2005年9月30日にはレーガン政権で教育長官を務めたウィリアム・ベネット氏が、ラジオのトーク番組で「この国のすべての黒人の赤ん坊（胎児）を中絶すれば、犯罪率は下がるだろう」と発言し、ホワイトハウスが慌てて「不適切」とコメントする事件も起こった。

政府で要職を、それも教育を統括する責任者を務めた人物から、時代を逆戻りさせるかのような発言が飛び出すとは驚くばかりであるが、ハリケーンによって人種差別や偏見が再燃し、貧困への侮蔑と、「勝ち組」への憧憬《どうけい》がより強固になった感もある。今後「白人」と「黒人」、「勝ち組」と「負け組」の二極分化がより鮮明になるのではないか、それによって人々の心がますます蝕まれていくのではないか、と懸念される。

虚報がこれほどまで真実味を帯びて配信された背景には、公的な立場にある人物の発言も大きく影響している。ニューオーリンズの黒人市長ネーギン氏は、テレビで「ドーム内で数百人の無法集団が一般人を殺傷し、略奪、暴行を働いているのを、避難民が目撃した」と語った。また、同市警のコンパス本部長も「センター内には死体が多数転がっていて歩けないほどだ」と語った。

これらの発言により、被災地では救助よりも治安維持が優先され、結果として救助活動の大幅な遅れを招いた。そして、州や市当局と連邦政府との間で、その責任をなすりつけ合うという事態に発展した。

この虚報騒動について、大手紙も相次いで検証を行ったが、なぜそのような混乱が起こったのか、鋭く追及しているとは言いがたい。ただ確実なのは、得体の知れない恐怖によって人々の心がコントロールを失ったこと、そして、混乱を収拾するという大義のもと、国防総省や国土安全保障省を軸とする中央集権化が進められていることである。

言い換えるならば、テロや災害に備えるという大義のもと、人々の心も、社会制度も、強大な権力にからめとられていくのではないか、という疑念があるということだ。

ブッシュ大統領は2005年10月6日、「イスラム過激派は共産主義と同様、政治的ビジョンのために無実の人を犠牲にする。テロとの戦いは、冷戦時代の共産主義との戦いに似ている」と演説するとともに、「テロ計画を10件未然に防いだ」と対テロ戦争の成果を強調した。そして、冷戦時代が半世紀近く続いたのと同様、テロとの戦いも長い年月を要すると語り、暗に国民に覚悟を迫った。

また同年10月14日、国連特別首脳会議で演説を行った際には、「鳥インフルエンザが21世紀初の広域伝染病になるかもしれない」と発言。すでに製薬会社に1000万人分のワクチンを増産するよう、指示を出したことが明らかになった。

その直後、クロアチアやスウェーデン、イギリスで相次いでH5N1型の鳥インフルエンザが発見された。世界保健機関(WHO)では、鳥インフルエンザが人に感染するように変異した場合、世界的な規模で流行し、一億人以上が死亡する事態が発生するとの予測を発表。ミネソタ大学伝染病研究政策センターのマイケル・オスターホルム教授も、「世界規模では1億８０0万人から3億人、米国内でも少なくとも１７０万人が死亡する」と警告を発している。

なぜ、今突如として、鳥インフルエンザが21世紀の伝染病として浮上してきたのであろうか。それはブッシュ大統領の「鳥インフルエンザが米国で発生した場合、軍を出動させることもある」という発言に見て取れるかもしれない。この発言について、コロンビア大学のリードナー博士は、「これは米国における戒厳令だ」と語ったが、米国に暗躍する権力者たちの狙いは、恐怖と混乱によって人々を絶対権力の盲従者にすることにある。

テロ、鳥インフルエンザ、自然災害――アメリカは起こるかどうかもわからない「脅威」に翻弄され、不測の事態への備えという大義のもと、国民の血税も、権力も、それらに集約されていっているように見える。すでに、災害復興や鳥インフルエンザのワクチン増産によって、一部の企業は特需の恩恵を独占している。それによって、さらなる貧富の格差が生まれている現状を、米国民は何と見るであろうか。

過去を振り返ってみると、実のところ、市民に不安と恐怖を与え、実際に多くの犠牲者を出した9・11テロこそ、史上最大規模の虚報に基づく〝人類家畜化戦略〟であったと言えるかもしれない。近年、世界中で頻発するテロは、人々を恐怖におとしめ、管理社会の構築と権力者への服従を促すツールにすらなってきている。

史上最大規模の同時多発テロであった「9・11テロ」を論じる前に、昨年発生したロンドン同時爆破テロについても触れてみたい。

ロンドン同時爆破テロの背後の存在

2005年7月7日、ロンドンで同時爆破テロが起こった。このテロは、その後の調査で4人の英国籍イスラム教徒による自爆テロとされた。だが、4人の実行犯たちは、過激なイスラム思想とは無縁の生活を送っていた。

また、防犯カメラに映った犯行直前の彼らの様子が、これから自爆テロを行うという緊迫感からはあまりにかけ離れていたため、彼らが自爆テロを知らされていた可能性はきわめて低いと見られている。

このテロには、9・11テロと同じく、不可解な点がいくつかあった。

その一つは、当日、ロンドンを訪れていたイスラエルのネタニヤフ財務相が、出席を予定していた投資説明会を直前にキャンセルしていたことである。これについて、イギリスのマスコミは「ロンドン警察が事件発生直前にテロを察知し、イスラエル大使館に通報したため」と報じた。しかし、イスラエル側はこれを否定し、通報を受けたのは直前ではなく、最初の爆破テロが起きた直後だったとしており、両者の食い違いが浮き彫りになった。

もう一つは、テロ当日、危機管理専門会社のヴァイザー・コンサルタンツが、実際のテロと同じ時間、同じ場所で、テロを想定した訓練を行っていたことである。同社の最高経営責任者であるピーター・パワー氏は、テロ当日「今朝９時30分、我々はロンドンのあるクライアントのために訓練を行っていた。地下鉄の駅で、爆弾が同時に爆発することを想定した訓練だ。それが今朝、同じ場所で起こってしまった。私はいま、鳥肌が立っている」と語った。

同社はテロ発生後、すぐにそのことを知り、危機管理の手順をシナリオ通りに実行したというが、このような「偶然」が果たしてありえるものだろうか。

そして三つめは、テロ直前に、シカゴ先物市場で大量の「空売り」があったことである。市場は事件が起こると同時に下落し、その後あっという間に上昇に転じ、結果として空売りは一気に買い戻され、途方もない儲けをたたき出したという。

これらの事実は、９・11テロのときのことを彷彿《ほうふつ》とさせる。すなわち、９・11テロのとき、アメリカ東海岸を訪問する予定だったイスラエルのシャロン首相がなぜか急きょ予定を変更したこと、そして、事件前日、市場でユナイテッド航空やアメリカン航空株の大量の「空売り」が仕掛けられていたことなどである。

また、こうも不可解な出来事が重なると、「テロの情報が事前に漏れていたのではないか」という、やはり9・11テロのときに多くの人が感じた疑念を持たざるをえない。

さらに、その後の調査で、ロンドン市交通局総裁が、元CIAの課報工作部長及び長官補佐を務めた米諜報界の大物であり、かつCFR（外交問題評議会。のちほど説明する）のメンバーであったことが判明している。そして、「実行犯」たちは、「訓練」と言われて手渡されたリュックを背負って、地下鉄に乗り込んだ可能性が濃厚になってきたのだ。

やはり、9・11テロと同様に、この同時爆破テロは、米英のイスラエル寄りの中東政策に対して反発を強めた過激派による事件としては簡単に片づけられない。もっと大きな組織が背後にいたと言っていいのではないか。

闇の権力者とは誰か

過去の歴史を振り返ってみると、我々人間は無数の戦争・殺りく行為を繰り返し体験してきた。そのような歴史を体験し、学んできた人々にとっては、この世の中は今なお弱肉強食の世界である。財力と権力を握ることが生存競争に勝ち抜く手段であり、自己防衛であるからだ。他者に愛を傾けるよりも、自分を守ることが最優先課題となり、他の誰よりも強大な財力と権力を手に入れないことには安心できない。逆に言えば、いくら財力と権力を手に入れても、他人に追い越されたり、それを失う恐怖心からはまったく解放されない。

そこで、手段を選ばず、延々と財力と権力の増強をはかり、自己防衛を進めていかざるをえない悪循環を生み出す。そして、ますます世界では貧富の格差が進み、一部の権力者たちによってこの世の中が支配されつつある。

これまで地上で繰り広げられてきた戦争の数々は、多くの場合、偶然に発生したものではなく、意図的に闇の権力によって仕掛けられたものであることがわかっている。特に、20世紀に入ってから発生した戦争や紛争は、ほとんど計画的なものであったと言えそうである。軍需産業、金融市場、マスコミなどを掌握した闇の権力者たちは、意図的に戦争を起こすことで私腹を肥やしてきた。

巷では、〈闇の権力者＝ユダヤ人〉という誤った認識を与える情報も氾濫《はんらん》しているようだが、これはきわめて危険な決めつけであると同時に、その判断自体も間違っている。確かに、闇の権力者たちのグループには、少数のユダヤ人も含まれているが、ユダヤ人全体は単なるスケープゴートに過ぎない。ユダヤ人を矢面に立たせて、その陰で邪悪な計画を実行し続けている、真の権力者たちが存在することを忘れてはならない。

彼ら闇の権力者たちの正体とは、私が『〝闇〟の世界権力構造と人類の針路』（文芸社）をはじめとする著書で繰り返し述べてきたように、次のような組織に属している人々のことを指す。

1. 国際金融財閥・国際銀行家のマネーパワーによって形成された国連、多国籍企業、各国の中央銀行、軍産複合体
2. ヨーロッパの王家や欧米の白人大富豪家系が形成するビルダーバーグ・グループ
3. 外交問題評議会（CFR）
4. 日米欧三極委員会（TC）

そして、ロスチャイルド家を代表とする国際金融資本の総本山はロンドンにある。ここは、ビンラディン一派の拠点でもあり、これまでも王立スコットランド銀行やバークレー銀行がイスラム過激派ネットワークに対し、多額の資金援助をしてきている。

また、人道支援を表向きの使命としながら、実際にはテロ支援を行っているNGO（非政府組織）にも、ロンドン・シティ及びジョージ・ソロスの資金が流れ込んでいる。

そのような意味で、2005年7月にロンドンで発生した同時爆破テロは興味深い。

イギリスが狙われたのはイスラエルとの不協和音が原因か

ロンドンの同時爆破テロに関しては、事件後すぐに「欧州アルカイダ聖戦秘密組織」と称する組織が犯行声明を出した。さらに数日後には、2004年3月のスペイン、マドリッドでの列車爆破テロの犯人とされる「アブ・ハフス・アル・マスリ旅団」も犯行声明を出し、情報が錯綜《さくそう》した。

とにかくはっきりしているのは、このテロが英ブレア首相を議長とするG8（主要国首脳会議）開催の最中に起こったこと、また、イギリスがイラクからの撤退計画を策定していることが報道されたタイミングで起こったということである。

イギリスが狙われた理由を、「アメリカに協力してイラク戦争に参戦したから」とする論調は多い。実際、そのような主旨の犯行声明と思われる情報もインターネットで公開された。だが、イラク戦争の反戦デモ参加者は実はイギリスが世界で最も多く、ブレア首相の支持率はイラク戦争参戦後、低迷の一途をたどっていた。そのため、ブレア政権はアメリカと一歩距離を置く姿勢をとり、イラクからもできるだけ早い時期に撤退する意向を示していた。

Ｇ８でも、ブレア首相はアメリカと反米的な国々との調整役として立ち回り、アメリカとは違う存在感を国内外にアピールするはずであった。したがって、イラク戦争に参戦したという理由でイギリスがあの時期に狙われたというのは、今ひとつ説得力に欠けるのである。むしろ、イギリスがアメリカと一線を画し、中東に首を突っ込みすぎるアメリカをいさめようとしていたことこそが、テロの標的となった要因ではないのか。

当時、イギリスでは、英国教会系の団体がイスラエル・ボイコットを世界に呼びかけ、イスラエルのシャロン首相が不快感を示していたと言われていた。そのため、シオニスト・ユダヤの過激派勢力が、イギリスに報復を行うのではないかとの懸念も出ていた。

また、ブレア首相は、テロ後、「テロの原因の一つにパレスチナ問題がある」という主旨の発言をし、「文明の衝突」にイギリスが巻き込まれつつあるという懸念を表明していた。ロンドン警察がイスラエル大使館にテロ発生を通報したか否かをめぐって生じた食い違いを見ても、イギリスとイスラエルの間には、何かしらの不協和音があったものと推測できる。それがテロと関係しているとの見方も根強い。

いずれにしても、不可解なことの多い事件であると同時に、「反テロ」戦争が、世界中にテロの恐怖をまきちらしただけの戦争であったことを、改めて世界の人々に印象づける事件となった。

このテロでは、ロンドン市内に網の目のように張りめぐらされた監視カメラが、犯人を割り出すのに大きな役割を果たした。

カメラはロンドンや主要都市に約４２０万台設置され、ロンドン市内の地下鉄に６０００台、バスの65％に当たる５２００台に取り付けられている。これらのカメラは１５０メートル離れた人物の表情も捕らえ、一人当たり一日最高で３００回も映る計算になるという。

ロンドン市内の建物の入り口には、「あなたはカメラに見張られている」という掲示もよく目につき、ロンドンを訪れるなら、道路や地下鉄、公共施設、ビルなど、あらゆるところでカメラに映し出されることを覚悟しなければならない。ちなみに、ロンドンの監視カメラの多くは、イスラエル製である。

このような異常な監視社会は、闇の権力による人類の家畜化、奴隷化のシナリオを彷彿とさせる。同時爆破テロ後、ロンドンではまったくテロと関係のない男性が射殺される事件が起こり、イギリス政府による過剰な反テロ対策に対して市民たちが抗議のデモ活動を繰り広げている。人々が恐怖と疑心暗鬼に陥《おちい》れば、このような事件もそのうち珍しくなくなるのではないかと懸念される。

また、街中が監視カメラで四六時中監視されればされるほど、テロの手段は「自爆テロ」しかなくなってくる。「自爆テロ」を確実に見極めるのは、どのような高性能カメラでもできはしない。となると、テロを止める有効な手段はないに等しいと言わざるをえなくなる。

「反テロ」戦争によって、パンドラの箱は開かれた。アメリカに追随している日本も、テロの標的にならないとも限らない。日本は昨年、戦後60年の節目に、今一度平和憲法の意義を世界に問うべきであったのではないか。

9・11テロには未解決の謎が多すぎる

近年、世界中で過激なテロ行為が多発しているが、その発端として注目すべき事件は、やはり9・11テロであろう。9・11テロは、本土での戦争経験がないアメリカのみならず、世界中の人々に衝撃を与えた。

その日、私は東京にいたが、当時、ニューヨークにも事務所を持っていたので、崩れ落ちる世界貿易センター（以下WTC）ビルの映像を見たときには深い悲しみと衝撃を覚えた。

しかし、9・11テロばかりか、近年世界中で頻発しているテロの大半は、実のところ、共通の黒幕によって仕掛けられたのではないかという疑惑がある。つまり、闇の権力者たちが、軍需産業や金融界と強力なコネクションを持ったネオコン（共和党タカ派の新保守勢力）やシオニスト強硬派ばかりか、アルカイダ、ハマス（イスラム原理主義）、その他多くの組織さえも動かして、世界を意図的に混乱に導き、巨万の富を得てきた背景があったと推測されるのだ。

しかし、このような考察をご理解いただくためには、これまで発生してきたテロがいかに矛盾に満ちたものであったのか、具体的に示しておく必要があるだろう。そこで、世界で頻発するテロ事件の転換点となった9・11テロに関して、再度振り返り、これまであまり詳細に指摘されてこなかった疑惑を追及してみたい。

2001年9月11日朝、アメリカでテロリスト・グループが4機の民間旅客機をハイジャックし、2機がニューヨークにあるWTCに、1機はワシントンDC近くのペンタゴン（国防総省）にそれぞれ突入、もう1機はペンシルベニア州ピッツバーグ郊外（シャンクスビル）に墜落するという前代未聞の大惨事が発生した。

ＷＴＣは２棟とも数時間後に崩壊して避難中の多くの人々が死亡した。死者・行方不明者はＷＴＣで２７４９人（犯人グループを含む）、ペンタゴンで１８９人、墜落した旅客機で44人と発表された。そのうち、日本人は24人が死亡した。合計約３０００人の死者を出したこの９・11テロは、事件後すぐにビンラディン率いるアルカイダによる犯行と断定された。しかし、多くの謎をはらんだ事件であり、今なお完全に解明されたわけではない。

これから皆さんに、その解明されない謎について具体的に示していきたい。


まずは、乗っ取られた旅客機４機の飛行経路図を参考に、ペンタゴンに突入したとされるアメリカン航空77便（以下77便）について考えてみたい。

77便は、午前9時37分（または38分）、追尾してきたＦ―16数機を振り切り、ペンタゴンに激突したとされている。

１９４１年に建設されたペンタゴンは、コロンビア特別区からポトマック川を隔てて、バージニア州アーリントンにある。名前の通り五角形をしており、五重の同心円状になっている。それぞれが5層の建物は、10の渡り廊下で連結されている。各外辺は２８２ｍ、高さが24ｍ

乗っ取られた旅客機4機の飛行経路

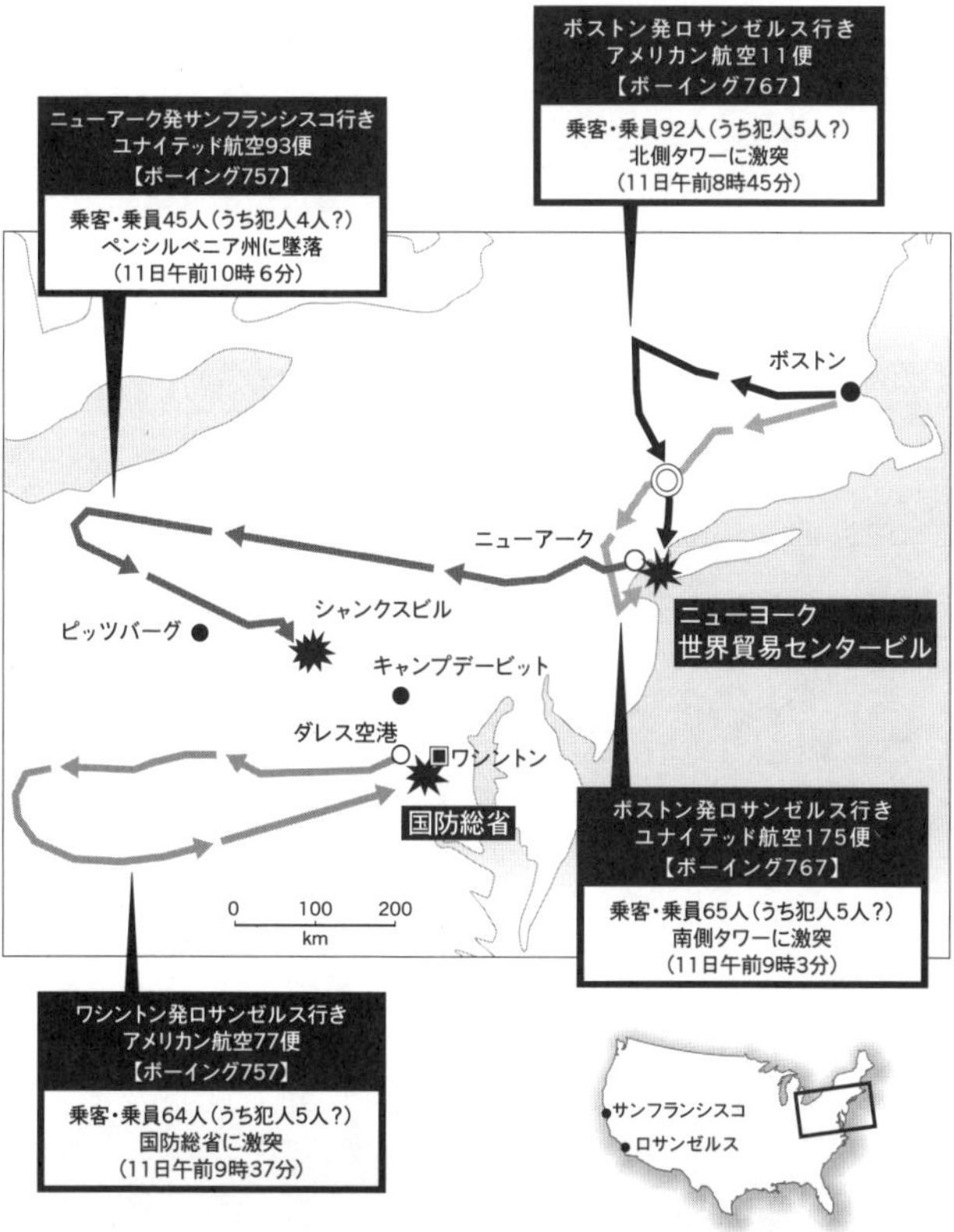

時間はいずれも米東部時間、日本との時差はマイナス13時間

ロイター配信の図を基に作成

ある。77便が突入したことにより炎上し、その後2回の爆発が起こって、計189人が死亡したとされている。

ニューヨークのWTCほどの惨事にはならなかったが、首都ワシントンDC地区にあるペンタゴンが攻撃を受けた意味は大きい。ホワイトハウス、国会議事堂、ペンタゴン、CIA、FBI、NSA（国家安全保障局）など、国家の中枢となる機関が集中する首都の周辺は、アメリカ国内でも最も警戒が厳重な区域である。

ペンタゴンからポトマック川を挟んで対岸には、すぐにアンドリュース空軍基地がある。大統領専用機エアーフォース・ワンの発着基地である。そこでは緊急事態に備えて、24時間体制で米軍戦闘機が待機しており、連絡を受けてわずか数分で、戦闘機をスクランブル発進することが可能と言われている。

午前9時37分に77便がペンタゴンに激突したのは、WTCで1機目が突入した午前8時45分から1時間も経ってからである。それまでの間、ホワイトハウス、ペンタゴン、アンドリュース空軍基地では何があったのだろうか。

事件後に改めて許可を出すまでもなく、実は、FAA（連邦航空局）の公式文書によれば、緊急事態が発生した場合には、ホワイトハウスの許可なしで、民間航空機を撃墜しても構わないことになっていた。

このような緊急事態で迅速な対応がとられなかったことに対して、ペンタゴンのスポークスマンは、そのとき飛び立てる戦闘機が存在しなかったからと答えている。また、別のスポークスマンは77便がこちらに向かってくることにペンタゴンは単に気付かなかったと説明している。

そんな馬鹿なことがあるだろうか。ニューヨークのデイリー・ニュース紙によると、ニューヨーク警察は、午前9時6分の時点で、テロリストによる攻撃があったことをペンタゴンに連絡している。２機目がＷＴＣに突入した9時3分には、すでに全米の視聴者たちがテレビを通じてライブ映像を目の当たりにしていた。

これは、不手際で対応が遅れたという問題ではなかった。すでに触れたように、民間航空機を撃墜することに対して、ホワイトハウスの許可は必要なかったからである。

マニュアル通りに軍人が動いていれば、防げる事態であった。そう考えると、戦闘機のスクランブル発進を止める圧力が上層部から加わっていたのではないか、という疑念が生まれてくる。

ペンタゴンに突っ込んだ飛行機も乗客も消えてしまった！

まず、午前10時10分に撮影された写真（次ページ）をご覧いただきたい。ペンタゴンには77便が突入したことになっている。使われた機体はボーイング７５７である。Ｂ７５７というと、重量が１００トン、機体の幅は38メートル、高さ13・6メートル、全長47・3メートルある大きな旅客機だ。

ところが、建物の手前に機体の残骸がまったく存在しないのである。

ペンタゴンの2階部以上の外輪が倒壊したのは、1階部分に77便が突っ込んだからとされている。しかし、高さが13・6メートル（建物の4階程度）もある飛行機が、1階部分にのみ被害を与えるように突入することなど不可能ではないか。

仮に、巨大なＢ７５７が、偶然にも1階部分に突入できたとしよう。そうすると、ビルの損壊部分の幅は少なくとも38メートルに及ぶはずだが、現実には写真のように、機体の幅の半分程度の規模だった。

また、地上すれすれに飛行して突入したのであれば、なおさら機体の残骸が建物の手前に飛

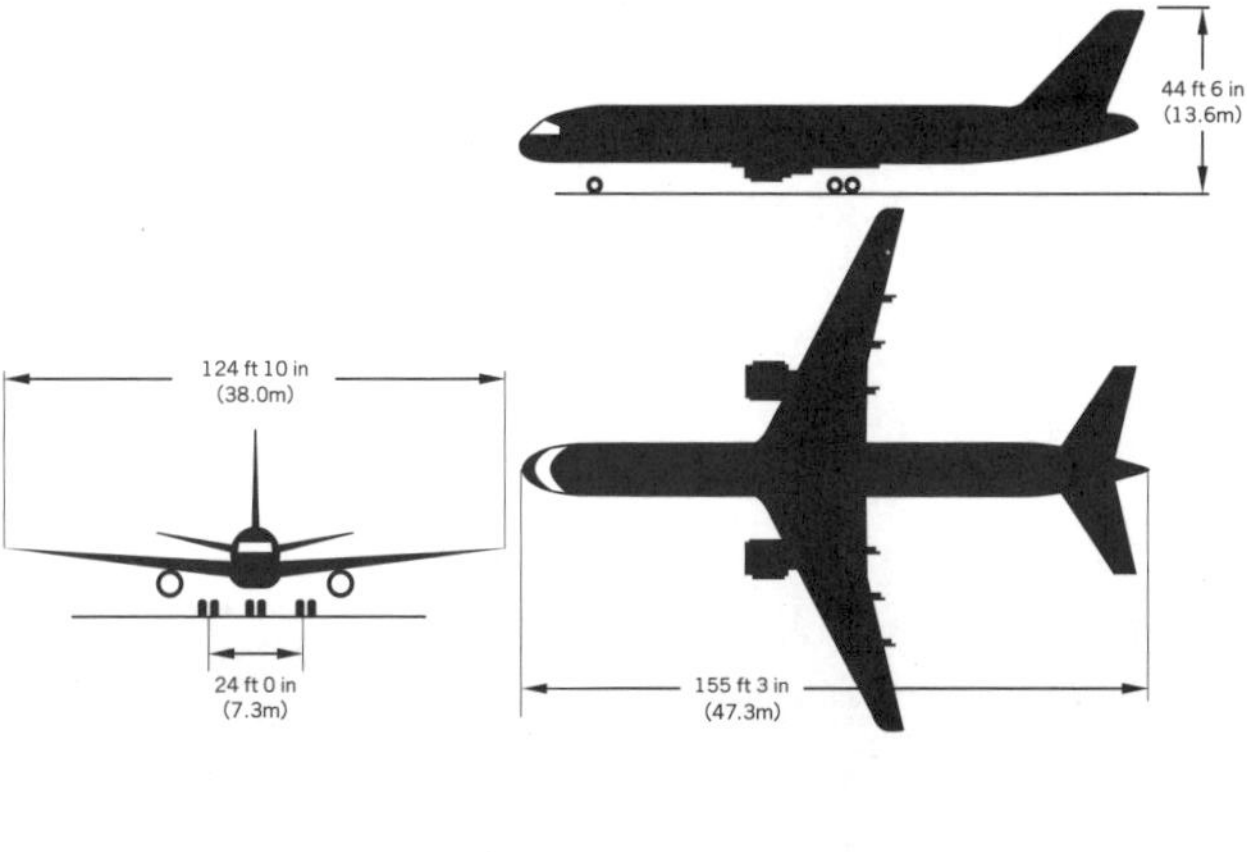
44 ft 6 in
(13.6m)
124 ft 10 in
(38.0m)
24 ft 0 in
(7.3m)
155 ft 3 in
(47.3m)

び散っていなければならない。

事件当初、ＡＰ通信は爆弾によって爆破されたと報道した。確かに、その方が納得がいく。翌日の９月12日にペンタゴンで行われた記者会見において、アーリントン郡のエド・プラウアー消防局長は、あるジャーナリストから「機体はまったく残っていないのでしょうか？」という質問を受けて、次のように答えている。

「最初に、機体に関しての質問だが、この消火活動中に、いくつか小さな飛行機の破片があったのが建物内部から見えた。しかし、大きなものではなかった。言い換えれば、胴体部分やその類《たぐい》のものはなかった」

続いて、消防局長は次のような発言もしている。

「私はその点に関してはコメントを控えた方がよいだろう。実際に墜落してきた飛行機に何が起こったかに関しては、もっと詳しく説明を与えられる目撃者たちがいる。だから、我々にはわからないし、私にもわからない」

また、同消防局長は、77便のジェット燃料がどこに行ってしまったか質問されて、正確に回答することができなかった。

77便は大陸横断のために燃料が満タンであったはずであり、それがペンタゴンに墜落・炎上したとなると、本来ならば消火まで数日を要し、ペンタゴンの被害はもっと甚大《じんだい》なものとなっていたはずである。しかし、倒壊した部分で多量のジェット燃料が炎上した形跡はなく、家具や書類はそのままの状態で残っていた。

他にも不可解な点がある。もし地面にジェット燃料が染み込んでいたとすれば、それは簡単に分析可能なことである。しかし、ジェット燃料以外の火薬等が検査で検出されることを恐れたのかどうかは定かではないが、後日、なぜかまったく荒らされなかった芝生を掘り返し、砂《じゃ》利《り》と砂を敷き詰める作業が行われたのである。

そして、何よりも不思議なのが、77便に搭乗した人たちの遺体はまったく発見されなかったことだ。

また、記者会見で事件の状況をありのままに話したプラウアー消防局長は、のちに解雇されてしまった……。

ペンタゴン激突をめぐる疑惑を決定づける映像があった！

さて、この事故の状況を見て考えられることは、ペンタゴンには爆弾が仕掛けられていたのか、小型の航空機、またはミサイルが激突したのか、ということになろう。しかし、激突の瞬間を目撃した人物がいたとすれば、爆弾が仕掛けられていた可能性は否定されることになる。

目撃者は存在しており、CNNテレビでは、「民間航空機を見た」と証言する匿名の女性を紹介していた。また、陸軍大尉のリンカーン・リブナー氏は、AFPに対し、「大きなアメリカン航空の旅客機が、高速、低空でやってくるのを見た」と語っている。

ところが、事件直後にAPが報道した他の証言では、飛んでいたのはもっと小さな航空機で、民間航空機とは大きく異なり、翼付きのミサイルに似ていたと言及するものもあった。

スティーブ・パターソン氏は、9月11日にワシントン・ポスト紙の取材に対し、次のように証言した。

「航空機は、8～12人の乗員が乗っていたように思えた。そして、戦闘機のような激しい音がした」

また、ペンタゴンのネットワーク技術者であるトム・セイバート氏は、やはりワシントン・ポスト紙に「ミサイルのような音を聞いた。その後、爆発音がした」と語っている。

事件直後、USA Todayのジャーナリストであるマイク・ウォルター氏は、ワシントン・ポストとCNNの取材に答えて、「それは、翼付きの巡航ミサイルのようだった」と語った。

さらに、77便が離陸したワシントン・ダレス空港の航空管制官であるダニエル・オブライエン氏は、ペンタゴンに突入した機体は、「軍用機の速度と操作性を持っていた」と説明した。彼女の証言は、ABCニュースのサイトに掲載され、全国航空管制官協会のサイトにも使用されている。

ここで興味深いのは、このように様々に異なる証言が存在していることから、誰かが嘘の証言を行った可能性が高いということだ。特に、戦争報道でペンタゴンとの癒着が指摘されるCNNに対して、民間航空機の目撃を証言した匿名の女性や、「大きなアメリカン航空の旅客機が、高速、低空でやってくるのを見た」と詳細に証言した陸軍大尉のことを信じてよいものかどうか、意見が分かれるところであろう。

そのようなことを踏まえながら、ペンタゴンの被害状況を振り返ったとき、突入したのはトマホークのような巡航ミサイルであったのではないか、という可能性が浮上してくる。

例えば、トマホーク・ミサイルは、イージス艦などの水上艦艇や潜水艦から発射可能な中距離巡航ミサイルである。2003年のイラク戦争で使用されたことで、読者にとっても記憶に新しいと思われる。

小型軽量のターボファン・エンジンを搭載して、地上数十メートルをあらかじめ定められた

ペンタゴンのセキュリティー・カメラが捕らえた激突直後の映像（AP/WWP提供）。

飛行コースで飛行する。飛行コースを維持するためにも、小型の飛行機と同様、左右に主翼を持つばかりか、垂直尾翼に似た操舵翼《そうだよく》を持ち合わせている。その点で、民間航空機とは大きく異なっていたとか、翼付きのミサイルと似ていたという目撃者の証言とはつじつまが合う。

実際、B757よりも圧倒的に小さいエンジンの残骸が事故現場で発見されているのだ。それを考えると、トマホークのような巡航ミサイルか、戦闘機のような小型航空機であった可能性が高いと思えてくる。

実は、ペンタゴンのセキュリティー・カメラが激突の瞬間を捕らえたビデオ映像が後日公開されている。ところが、奇妙なことに肝心の飛行物体はまったく映っていなかったのである（ここでは爆発直後の写真のみを掲載した）。

ＦＰＳ（1秒間に撮影されるフレーム数）がどの程度のセキュリティー・カメラが設置されていたのかは不明であるが、機体の大きいＢ７５７や、速度の遅いセスナ機が激突したのであれば、映像から簡単に見て取れるはずである。35ミリ映画ではＦＰＳ24、テレビ映像ではＦＰＳ25程度が標準であり、セキュリティー・カメラではそれよりも劣るレートが採用されていると考えても、最低でも毎秒十数コマには及ぶはずだ。

ところが、公開された映像はわずかに5コマで構成されており、写真下の表示からわかるように、17時37分19秒で2コマ、17時37分21秒で1コマ、17時37分22秒で1コマ、17時37分23秒で1コマというものであった。セキュリティー・カメラのＦＰＳが1～2という貧弱なレートで撮影されたとは考えられないし、そんなカメラは存在しない。明らかに多くのフレームがカットされて、公開されたのだろう。

さらに、誰でもすぐに不可解に感じられたことは、セキュリティー・カメラの映像に刻まれた日付が、9月11日ではなく、12日になっていることである。国家防衛上、最重要施設であるペンタゴンのセキュリティー・カメラが32時間あまりも遅れていたとは考えられない。想像されるのは、映っていては困るものが含まれていたために、事件の翌日に編集を行い、編集を行った日時が映像の画面下に残ってしまったのではないか、ということである。

また、ペンタゴンの近くにガソリン・スタンドがあり、そこに設置されていたセキュリティー・カメラの一つが事件現場の方向を向いていたのだが、撮影されたビデオは事件後に米軍兵士により没収されてしまった。

以上の点を考えると、いずれのセキュリティー・カメラにも、高速飛行可能な巡航ミサイルのような小型飛行物体が映っていた可能性があって、それを隠ぺいしているのではないか、と疑いたくなる。

2006年5月16日、世間の疑惑の声に応えるように、ついに国防総省は3分弱に及ぶセキュリティー・カメラの映像を公開し、実際に航空機が激突していたことを示そうとしたようだが、それもB757の激突の様子をはっきりと映し出すものではなかった。

この映像公開により、ペンタゴンは、B757は激突していなかったのではないかという疑惑を、2度にわたって自ら招いた格好となったのである。

ペンタゴンに激突したのは別の航空機か巡航ミサイル?

これで、9月11日にペンタゴンで起こった出来事に関する〝疑惑〟が整理されてきたようだ。しかし、一点疑問は残る。77便は一体どこに行ってしまったのか。

ここで、77便の航路を再度振り返ってみたい。

米当局による公式の説明によれば、77便は、ワシントンのダレス国際空港から西方オハイオ州上空までおよそ３００マイル（４８０キロ）進んだところでハイジャックされた。そこでUターンして再び３００マイルほど飛行して、ワシントン上空まで戻った。ホワイトハウスを目指したと思われた77便は、さらに直前で針路を変更して、結局ペンタゴンに墜落した。しかし、Uターン後の復路はレーダーから消えており、不明であるとされた。

航路が不明になる理由としては、トランスポンダーと呼ばれる装置のスイッチをオフにした場合が考えられる。トランスポンダーがオンになっていると、航空機の便名や航路の情報が管制塔のレーダーに表示されてしまうためである。あるいは、超低空飛行になった場合に、レーダーから消えることになる。

77便は二度進路を変えており、その際、レーダーから消えている。二度目は墜落直前で、ホワイトハウスから3マイルのところでレーダーから消えた。

進路変更が行われた理由については、ホワイトハウスには迎撃ミサイルがあることをハイジャッカーが直前に思い出したためだろうと推測された。しかし、入念に計画されたはずの大規模なハイジャックである。その可能性はきわめて小さいはずである。

ＡＢＣテレビの『20／20』という番組では、航空管制官の証言が取り上げられ、管制官の誰もが軍用機だと考えたことが紹介された。登場した管制官はダニエル・オブライエン氏、トム・ハウエル氏で、キャスターはブライアン・ロス氏であった。

オブライエン氏はこのように証言した。

「私たちは（ＷＴＣの出来事を知って）すぐに飛行機の動きを確認し始めました。そして、私は未確認の飛行機がダレス空港南西に向かって飛んでくるのを確認したのです。それは物凄いスピードでした。私はレーダー・スクリーンを叩くことしかできませんでした」

また、ハウエル氏は次のように語った。

「何てことだ、飛行機はホワイトハウスに向かっているじゃないか。目標物はまさにホワイトハウスを目指している」

目標物は時速５００マイルの速度で、ホワイトハウス、首都を捕捉《ほそく》するべく飛行禁止区域56に向かって驀進《まいしん》していた。この時点では、もちろんアンドリュース空軍基地からのスクランブル発進はなかった。「飛行機のスピード、操縦性、そんなことから、レーダー・ルームの誰もが同じように思いついたのは、それが軍用機だということです」とオブライエン氏。「ボーイング757はあのようには飛ばしません。非常に危険だからです」

彼らがずっと軍用機だと思い込んでいたものが77便であったと知ったのは、ペンタゴン激突後、レーガン・ナショナル空港管制官から電話で知らされたときであった。

77便がホワイトハウスから12マイルの地点に近付いたところで、管制塔内部ではカウントダウンが始まったという。「11マイル、10マイル、9マイル……」

そしてオブライエン氏は言った。「私たちのスーパーバイザーはたまりかねてホワイトハウスへ電話をかけようとしました。この情報を知らせるためです。とても速い飛行機が、そちらに向かっていて、いま、そちらの西方8マイルまで迫っています、と」

その頃、ホワイトハウスにいたとされるチェイニー副大統領は、激突の危機を察知し、地下に避難した。しかし、即座にスクランブル発進可能なはずのアンドリュース空軍基地は依然動かなかった。ブッシュ大統領は、フロリダの小学校で子供たちを相手にリーディングの授業に参加しているところであった。一方、ホワイトハウスの職員たちはホワイトハウスからの早急な脱出を要求された。

オブライエン氏は続ける。「カウントが6、5、4になって、私の口から3と言おうとしたそのときです。突然飛行物体が消えたのです！　部屋は一瞬安堵感に包まれました。これは迎撃されたに違いない！　私たちの軍人たちがやってくれたに違いない！　私たちの首都と大統領を守る者たちがスクランブルを命じられたのだろうと思いました。そうして、椅子にどんと腰をおろして、しばらく息をついていたときです」

オブライエン氏は息を飲んだ。

「ダレス発のすべての飛行機はホールド（待機）になりました。ペンタゴンにぶつかっていたのです」


このような管制官の証言から、いくつかの矛盾が露呈する。77便は航路を変更して、最終的にペンタゴンに墜落するまで、管制官によってその動きが一部始終監察されていたということである。そのため、一見するとペンタゴンに墜落したのは77便であったかのようにも思える。ところが、飛行速度が時速500マイル（時速800キロ）と高速で、急旋回も含む飛行であった。

時速800キロといえば、ほぼ巡航速度であり、低空飛行でのスピードではない。また、高速度における急旋回はB757には不可能と言っていい。だからこそ、その航空機は軍用機であったと彼らは信じたのだ。

つまり、当初レーダー上で確認していた77便が、ハイジャックされたことに気付いてからは、いつのまにか軍用機の飛行性能に変わっていたことになる。この矛盾はどう説明されるのだろうか。

その答えは、77便が2回レーダーから消えたという事実に見出せるかもしれない。墜落直前に消えたのは、低空飛行になった可能性が理由として考えられるが、最初のUターン時に、別の航空機か、あるいは巡航ミサイルにすり替わっていた可能性も考えられる。

ペンタゴンに墜落したのは、現場の写真からしても、明らかにＢ７５７ではなかった、とは言えそうである。では、最初の疑問に戻って、77便は一体どこへ行ってしまったのだろうか？

ここに、興味深い情報がある。当日報道されたが、追及されずに消えてしまった別のハイジャック事件である。

ニューヨークで事件が発生してから1時間もたたないうちに、別のアメリカン航空の旅客機がハイジャックされ、ペンタゴンの近くのヘリポートに墜落した。建物にも甚大な被害があり、34人が死亡したと報告されている（２００1年9月12日『ＨｏｔＷｉｒｅｄ』

誌)。

墜落現場近くの住民で、墜落を目撃したティム・ティマーマン氏は、CNNのインタビューに答えて、77便はペンタゴンではなくヘリポートに墜落したと証言した。しかし、すぐにこの証言はニュースでは紹介されなくなってしまった。

そうなると、やはり77便はペンタゴンには墜落しなかったのではないか。そして、ペンタゴンに激突したのは、別の小型航空機か巡航ミサイルであったのではないだろうか。

または、何かが突入したと同時に、内部に仕掛けられた爆弾も同時に爆発したという可能性もあるかもしれない。

いずれにしても、以上から生じてきた大いなる疑惑は、77便は本当にペンタゴンに墜落したのか、ということ。そして、未確認の航空機がペンタゴン近くのヘリポートに墜落したのではないか、ということである。

世界貿易センターには事前に爆弾が仕掛けられていた?

２００１年9月11日朝、ニューヨークでは、ハイジャックされた2機の民間旅客機がWTCに突入した。WTCは2棟とも数時間後に崩壊して、避難中の多くの人々が犠牲となり、死亡者数は２７４９人（犯人グループを含む）と発表された。

アメリカン航空11便（Ｂ７６７）は、午前7時45分にボストンを出発してロサンゼルスに向かったが、途中でハイジャックされて、午前8時45分にWTC北棟に突入した。そして、ユナイテッド航空１７５便（Ｂ７６７）は、午前7時58分にやはりボストンを出発してロサンゼルスに向かう予定であったが、途中でハイジャックされ、午前9時3分にWTC南棟に突入した。この事件の様子はテレビで詳細に中継され、一見すると、不可解な点は存在しなかったかのように思われる。

しかし、なぜWTCが倒壊したのか疑問の声が挙がっていた点に関して、思い出していただきたい。WTCの倒壊は、突入した飛行機がビル内で起こした火災により、鉄骨が熱で溶解したことが原因とされている。ところが、事件当時の映像や写真、証言を吟味してみると、大きな誤解が存在していたことがわかるのである。

毎日新聞では、２００１年11月1日の紙面で、航空機衝突の衝撃はマグニチュード1程度とも言われているとしたうえで、「その程度で崩壊するはずがない」という見方もある点を紹介している。

東大の菅原進一教授（建築構造）は「地下で何らかの爆発があったのでは」と言う。映像では、ビルは沈むように崩壊し、エレベーターなどを支えた内側の鉄柱もほとんど残らず倒れ、斜めになった鉄柱もなかった。「ものの見事に壊れており、衝突だけで起きたとするのは不自然。地下で爆弾テロが起きたと仮定したら説明がつく」。ＷＴＣ崩壊後、周辺の六つのビルが倒壊したことも「敷地全体の地下構造が崩れ、ビルごと引きずりこまれたとみられる。爆破で地下の壁が壊れたと仮定すれば納得がいく」と指摘する。旅客機衝突後に現場で別の爆発音を聞いたという証言もある。（２００１年11月１日付毎日新聞より）

具体的に関わった人物の証言もある。ＷＴＣを設計した建築家の一人であるアーロン・スワースキ氏は、「ボーイング７０７が激突しても耐えうるように設計した」と語っている。そのため、ＷＴＣの倒壊は、彼にとって大変ショックなことであったという。

また、Energetic Materials Research and Testing Center の元ディレクターであり、New Mexico Institute of Mining and Technology の副社長である（つまり、構造物破壊の専門

家の）ヴァン・ロメロ氏は、計画的な破壊に利用される制御された爆破ときわめて似ていることを指摘した。そして次のように結論づけた。

「ビデオテープを見たときの私の意見であるが、WTCに飛行機が激突した後、ビル内に仕掛けられた爆破装置が倒壊を起こしたのではないか」

これは単なる憶測ではなく、理に適っていたようだ。

2002年3月12日、NHK衛星第1放送では、フランスの「F2ニュース」とスペインの「TVEニュース」を取り上げていた。F2ニュースでは、1機目のWTC激突映像を撮影した3人のフランス人カメラマンを出演させ、その映像を紹介した。彼らが事件直後にWTC北棟に入ると、右手奥に大きな炎が上がっていたと証言している。

TVEニュースでは、事件当時WTC保全責任者であったウィリアム・ロドリゲス氏へのインタビューを紹介していた。事件直後、ロドリゲス氏は、WTC北棟39階の事務所にいた。航空機が突入したとき、てっきり発電機か何かが爆発したのだと思い、上司に報告しに行こうとした。その途中で、航空機燃料に引火したのか航空機の爆発音を聞いた。

次に、もっと大きな爆発音を聞いた。そして、「爆発した！　爆発した！」と叫びながら、人が駆け込んできた。その人は全身に火傷を負っており、右腕の皮膚が手袋のようにただれていたという。

奇妙なのは、強い衝撃を受けたと思ったら、館内放送で「65階がやられた」と告げられ、ロドリゲス氏は、この爆発で65階から44階までが崩れ落ちたと証言していることである。

他のテレビ番組でも、WTC北棟から脱出した人が、20階から30階で数度の爆発音を聞いたことを伝えている。

しかし、WTC北棟に突入したアメリカン航空11便（以下11便と記す）は、80階より高いところに激突しているのである。

以上の証言を考えると、WTC北棟では数ヶ所で爆発音が聞こえていたことになる。となると、あらかじめWTCには爆弾が仕掛けられていて、航空機の突入を合図にビルを完全破壊させたのであろうか。

実は、興味深い証言がある。当初、ニューヨーク消防署の主任放火調査官は、9月12日のテレビのインタビューで、内部からの爆発がWTCを倒壊させたと証言していたのだ。

さらに詳しい証言を紹介しよう。9月12日に得られた、ニューヨーク・ハーレム地区の第47団所属の消防士ルーイ・カチオーリ氏（51歳）の証言である。

「私たちは、航空機の激突の後、最初に第2タワーに入ったものです。私は、従業員たちを避難させる体制をとるために、消防士たちをエレベーターで24階に向かわせていました。24階に着くというとき、爆発が起こりました。私たちは、建物の中に爆弾が設置されていたと思っています。私はもう一人の消防士に一緒にいるように頼みましたが、それは正解でした。私たちはエレベーターに閉じ込められてしまったのですが、彼は脱出するための工具を持っていたからです」

さらに、ビル倒壊直後の放送において、炎上するビルを目の当たりにしていた人々へのインタビューが行われたが、その際、コメンテーターがビルを見ながら次のように言っている。

「聞こえましたか？　ポッポッポッという音を。ビルから窓ガラスが吹き飛んで、ビルが崩壊するのでしょうか？　外に吹き飛ばされた窓ガラスは、下から上に向かっていて、上から下ではありません。私は見ましたよ。聞きましたよ。あれは爆発だった」

そして、そのコメンテーターは、のちに次のような興味深い発言で事件を振り返っている。
「あとで私は同じ場面が放映されたのを見ましたが、音が消されていました」

続々と出てくる証言

これだけ数々の証言が存在するとなると、爆弾はWTCの数ヶ所に仕掛けられていた、と断定したくなってくる。特に、ビルを完全倒壊させるためには、地下に爆弾が仕掛けられている必要がある。では、そのような情報はあるのだろうか。

実は存在するのである。コントロールド・デモリション社の社長マーク・ロイゾー氏は、構造物の破壊に関しての専門家であり、オクラホマ連邦政府ビル爆破事件でも検査を行った人物である。その彼が事件2日後に現場にやってきて、AFPのインタビューに次のように答えている。

「ええ、地下に鉄骨を溶解させた高温のスポットがありました。地下7階に相当する、メイン・

タワーのエレベーター・シャフトの底部でした」

さらに、事件の1ヶ月後になって、彼は新たな発見をしている。地下の基礎に連結された47本の柱で支えられた中央部分で、溶解した鉄骨が見つかったのだ。

建設用の鉄骨はきわめて溶解点が高く、１５００度以上である。地下21メートルもの深さで、酸素供給が不十分な場所だ。そのような場所で、強力な激しい溶解熱が発生したのはなぜだろうか。

専門家は、ジェット燃料や紙、カーペットの燃焼で高熱が得られたと推測したが、これにも矛盾が存在する。ジェット燃料が燃えた場合、十分に酸素のあるところでも、最高８３０度程度にしか達しないのである。８３０度といえば、鉄骨の融解点の半分ほどである。

彼は興味深いことに、次のようなことも語っている。

「もし私がタワーを倒壊させようとするなら、ビルの重さを利用して構造物を破壊させるために、地下に爆弾を仕掛けるでしょう」

さて、飛行機がＷＴＣに激突した際の衝撃と、ＷＴＣが倒壊した際の衝撃はどの程度のものだったのだろうか？

ＷＴＣから北に約34キロ離れたニューヨーク州パリサデス市には、コロンビア大学の施設があり、地震計が設置されている。事件当日の9月11日、最大の振動が得られたのは、南棟の倒壊では、9時59分の10秒間でのマグニチュード2・1、そして、北棟が倒壊した10時28分の8秒間でのマグニチュード2・3であった。

しかし、興味深いことは、この最大の振動が得られたのは、ビルが倒壊を始める瞬間であったことだ。本来ならば、残骸が地面に落下した瞬間に最大値を記録するはずである。しかも、倒壊が始まる瞬間に記録された衝撃は、残骸が地面に落下した際の衝撃の20倍以上あったのである。

専門家たちは結局、この謎を説明することはできなかった。

報道規制がかかった？

2001年9月28日付のニューヨーク・ポスト紙は、マンハッタン公判陪審が、マフィアが

ＷＴＣ倒壊現場から鉄骨を盗んでいる件を調査していると報じた。翌日、同内容の記事が、ニューヨーク・タイムズ紙やシカゴ・トリビューン紙にも掲載された。

ＷＴＣビルの残骸は、まずスタテン島に集められ、そこでしかるべき機関が調査を行うことになっていた。ところが、２５５トン以上の鉄骨が盗まれ、まったく別の３ヶ所のくず鉄置き場で発見されたというのだ。

警察本部長のバーナード・ケリック氏によると、組織犯罪統制局は、貿易廃棄物委員会とともにこの事件の調査を始めた。そして、盗まれた鉄骨は、ニューヨーク州ロングアイランドの１ヶ所とニュージャージー州の２ヶ所のくず鉄置き場で発見され、調査が行われているとのことであった。

鉄骨を盗んだ者たちによると、１００ポンド（45・４キロ）当たり１ドル60セント支払われたという。一部の残骸はスタテン島に戻されることになったが、この事件の調査は進まず、誰がこの組織的な犯罪を行ったのかは判明していない。

こうした事件が起きていることを知ると、証拠となる鉄骨を隠すべく、ある勢力から指示が出ていたのではないかと疑いたくなる。ペンタゴンでの事故ばかりか、ＷＴＣの爆破と倒壊も、仕組まれたものであったのではないか、という疑惑が高まる。

ところで、もう一つ付け加えておきたいことがある。爆弾が仕掛けられていた可能性があるのは、WTCの地下だけではなかったということである。

それは、WTCのビルディング7がのちに倒壊したことからも想像がつくことであるが、もっと明確にわかる映像が存在する。その決定的な映像をCNNは一度ライブで流したが、二度と繰り返されることはなかった。

WTCに2機の航空機が突入して、まだ倒壊を起こしていない時点であったが、WTCの北西にある50〜60階ほどのビルの足元から、大きな噴煙が上がっていたのである。WTCビルとは離れているビルである。

これは、仕掛けられた爆弾が爆発したとしか説明できないのではないか。

突入直前に一瞬光ったのはなぜか

さて、WTCに激突したのはB767が使われた11便と175便ということになっているが、それと矛盾する目撃証言が存在する。

事件当初、NBCテレビは最初の目撃者とされる女性の証言を取り上げた。その際、WTC

北棟に突入したはずの最初の11便に関して、彼女は「小さなプライベート・ジェットがＷＴＣ北棟に突入した」と言ったのだ。

また、２機目の１７５便であるが、これもＢ７６７ではなかったようだ。事件当日、ＦＯＸテレビは、マークと名乗る目撃者の証言を紹介したのだが、彼によると、機体には窓がなく、前方には円形の青いロゴが入っており、明らかに民間航空機ではなかったという。

それればかりではない。２００１年10月25日、上院軍事委員会において、ＮＯＲＡＤ（北米防空司令部）の指揮官ラルフ・エバーハート氏は次のように述べている。

「我々はそれが軽量の小型旅客機であったと教えられた。それ（倒壊）は、一機の軽量小型旅客機によって起こされるようなものではなかった」

これは簡単に否定できる情報ではない。どうやら、ＷＴＣに突入した航空機は、大型のＢ７６７ではなく、替え玉の航空機だったのではないか、と思われる。

実は、機体がすり替えられていたことを暗示させる写真が存在するのである。１７５便がＷＴＣ南棟に突入する直前に撮影されたものである。

次ページの写真をご覧いただけばわかると思うが、機体下部、右翼付根《つけね》部分に異様な膨らみが存在する。窓や前方にあったとされる青いロゴは確認できないが、この異様な膨らみは、通常のB767には決して存在しないものである。

これは、CNNやABCが他の角度から捕らえた映像からも、機体下部の膨らんだ部分が見て取れる。

これは一体何なのであろうか。

ビルの破壊力を高めるための爆薬説も存在したが、犯人の立場に立って考えてみると、わざわざ目立つ外部に取り付ける危険を冒す必要性は理解できない。ハイジャック犯たちにジェット機操縦能力がなかったことが判明しているため(のちに詳述)、残される可能性は、遠隔操作を可能とする装置が取り付けられていたことである。

しかし、その説も除外されるようだ。これまで世界中に流されてきた映像を超スローモーションで再生してみると、盲点とも言えた事実が浮かび上がってくるのである。

これは、インターネット上のウェブサイトLetsRoll911.orgが指摘したものであるが、機体がビルに接触する際にオレンジ色の閃光が発せられているのである。機体の翼や燃料タンクがビルに激突した瞬間にはまったく爆発も起こっていないのに、なぜ閃光が現れたのだろうか。

WTC 南棟に突入する 175 便（AP/WWP 提供）。

モノクロの静止画で紹介することしかできないのが残念だが、明らかに機体下部の膨らんだ部分から何かが発射されて、その直後にオレンジ色の光が発せられているのである。

LetsRoll911.org では、動画を含めてミサイルが発射されていたことを紹介している。

オレンジ色の閃光が発する直前、コックピット横に白い物体が並走しているのがおわかりいただけるだろうか。そして、その白い物体がビルに衝突した瞬間に、オレンジ色の閃光が上がっている。これは、他の角度から撮影されたCNN／ABCの映像からも確認できる（ここでは割愛）。

皆さんもご理解いただけたであろう。機体下部の膨らんだ部分は、ミサイル発射台であり、白い物体がミサイルだった可能性がある。つまり、機体がビルに突入する直前にミサイルを発射して、機体とミサイル、ともにビルに激突していたのではないか。実は、ここでは紹介できないが、一機目の11便が突入するシーンも、スローでよく見てみると、突入の直前にオレンジ色の閃光が同様に見て取れるのだ。

しかし、なぜミサイルを発射せねばならなかったのか。想像されるのは、ビルの破壊を大規模なものにすることと、機体全体がビルの中に溶け込むようにして、証拠となる残骸がビル周辺に飛び散らないように計算したということであろうか。

閃光を発する直前、謎の白い物体が並走。

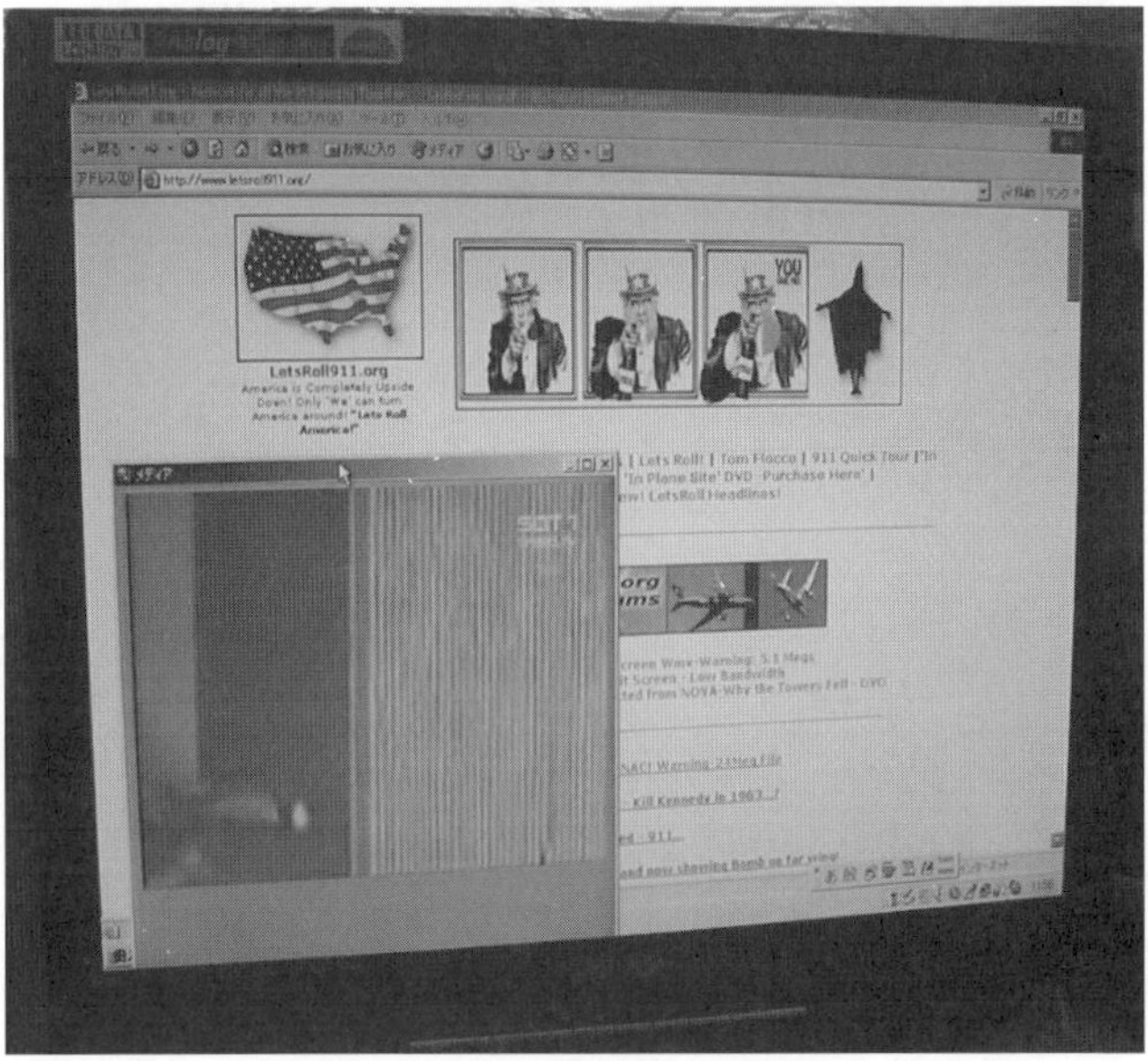

そしてオレンジ色の閃光を発して激突……。

以上は私の憶測に過ぎないが、ミサイルが発射されたこと自体は動かしがたい事実であろうと思われる。信じたくない話であるが、映像が物語っているのだから受け入れざるをえない。きわめて悲しい事件であったと言えるだろう。

死んだはずの実行犯が生きていた！

２００１年９月14日、ＦＢＩは実行犯19人の名簿を公開した。彼らは民間航空機をハイジャックして自爆テロを行ったとされている。ところがその後、矛盾するようなことが次々と報告された。

下記は２００１年９月24日、朝日新聞に掲載された記事である。

サウジアラビアの国営サウジ通信によると、同国のナエフ内相は23日、同時多発テロの容疑者としてＦＢＩが名前を挙げている19人のうち、「７人は事件に関与しておらず、サウジ国内で連絡が取れた」と語った。内相のＣＮＮテレビとのインタビューを引用し、同通信が報じた。

モハメド・アッタ氏

ＦＢＩが公表したリストでは容疑者の国籍は明らかにされていないが、姓名から多くがサウジ人と見られており、サウジ政府が調べを進めている。内相は現時点で、容疑者にサウジ人が含まれていることを示す証拠は米国から提供されていない、とも述べた。

ＦＢＩがリストを公表した後、多くのアラブ紙は、盗んだり偽造したりしたパスポートが使われた可能性が高いことを指摘。また、捜査の信ぴょう性を疑う報道も続いている。

少なくとも7人の実行犯はハイジャックも行わずに、サウジアラビア国内にいたのである。特に興味深いのは、主犯格ともされるモハメド・アッタ氏に関してであろう。２００１年9月20日付の中日新聞は次のような記事を掲載している。

『4人生存』アラブ紙報道

【カイロ19日　島田佳幸】米中枢同時テロで、ハイジャック犯の一人で、イラクの情報機関として接触していたとの情報も伝えられるエジプト人モハメド・アッタ容疑者の父親が

19日、カイロ市内の自宅前で「息子とは事件後に電話でも話した。だれかが、私の息子になりすました可能性がある」と語った。また、アラブ紙は米国が公表した19人の容疑者リストのうち4人が生存していると報道、米国当局の捜査に疑問を投げかけている。

父親は、息子と電話で話したのは「事件の一日か二日後」とし、「話の内容は『何か必要なものは?』『ないよ』といった、せいぜい1分に満たない時間だった。事件のことも話さなかった。(その後、連絡がないのは)イスラエルの秘密情報機関に誘拐され、殺されたのかもしれない」と興奮気味に語った。

米連邦捜査局(FBI)が公表した写真については「いかにも狂信的に見えるよう、目やあご、首の辺りに修正が加えられている」と指摘。さらに「息子がテロ実行の前にウォッカを飲んでいたとの報道があったが、私のせがれは酒など一切飲まない。ドイツ留学時代の教師や友人が証言者だ。だから、あれは別人なのだ」と語った。(以下略)

このように、WTCビルに激突して死亡したはずのハイジャック犯たちは、実際にはハイジャック機に搭乗しておらず、少なくとも事件直後は生存していたことが次々と判明していったのだ。

パスポートを紛失した
アブドル・アジズ・
アルオマリ氏

FBI発表のアブドル・
アジズ・アルオマリ氏

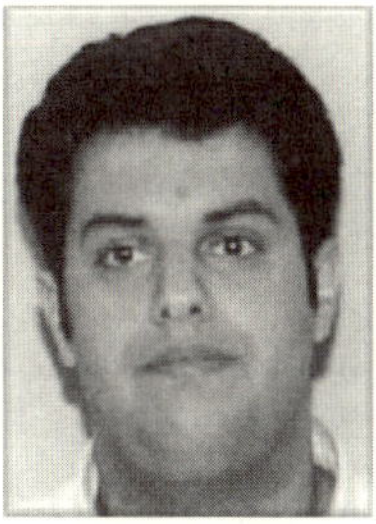

ウォリード・
アルシェフリ氏

サウジアラビア人パイロットのウォリード・アルシェフリ氏は、ＦＢＩの説明では、アメリカン航空11便でWTCビルに突入した5人の実行犯の一人とされている。9月27日、アルシェフリ氏を含めた実行犯19人の写真が公開され、新聞やテレビに現れた。

驚いたのはアルシェフリ氏本人である。彼はモロッコのカサブランカ在住のジャーナリストであり、事件当時もモロッコにいた。彼はサウジアラビアとアメリカの機関と連絡を取り、無実を訴えている。

ＦＢＩが説明したように、確かに彼はアメリカのデイトン・ビーチの飛行訓練学校で学んでいるが、事件より1年も前にアメリカを後にして、サウジアラビア航空のパイロットとなり、事件当時はモロッコでさらなる訓練を受けていたのである。

また、アブドル・アジズ・アルオマリ氏であるが、9月20日付の毎日新聞では次のように報道されている。

容疑者19人中、3人は別人か

【カイロ　小倉孝保】同時多発テロで、米捜査当局が容疑者として発表したアラブ系19人のうち3人が18日までに、アラブ紙に「私は事件当時、米国にいなかった」などと語った。パスポートを盗まれた人もおり、なりすました別人が犯行を行った可能性もある。

アメリカン航空11便に乗っていたとされるアブドル・アジズ・アルオマリ氏は93年、米コロラド州の大学に留学。95年、アパートに泥棒が入りパスポートを盗まれたという。同年12月に新しいパスポートを発行してもらい、現在はリヤドの通信系企業に勤務。テロ事件当時も会社にいたという。同氏は「米国が発表した人物は生年月日、名前が私と一緒だが、紛失したパスポートを別人が使ったと思う」と話す。

また、ユナイテッド航空93便に乗っていたとされるサイード・アルガムディィ氏はサウジアラビア航空のパイロットで、8カ月前からチュニジアで研修中だ。CNNテレビで容疑

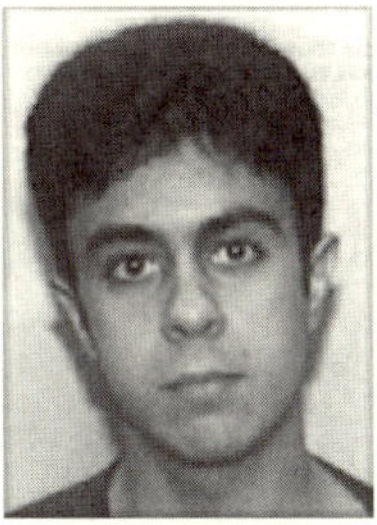

サイード・
アルガムディ氏

サレム・アルハムジ氏

者として自分の名前と顔写真が報道され驚いたという。アメリカン航空77便のサレム・アルハムジ氏も「この２年間サウジから出ていない」と関与を否定している。

サウジアラビア外相のサウド・アル・ファイサル王子は、９月22日、ＦＢＩが19人のハイジャッカーのうち、少なくとも５人を誤認していると主張した。王子は、サウジアラビアでの捜査では、サウジの５人が４機に搭乗していなかったことが判明したと語っている。そして、ホワイトハウスでのブッシュ大統領との会談の後、アラブの報道機関に対し「ＦＢＩのリストのうち、５人は事件にまったく関係ないことがわかった」と語っている。

ここまで来ると、大変な人権問題である。しかし、海外ではＦＢＩの捜査に疑いを持つ人々が多い中、アメリカ国内の主要メディアは、彼らこそが９・11テロの実行犯であるとして報道を続け、アメリカ市民はそれを全面的に信用する状況が作られ、日本国民もそれを鵜呑みにする状況が作られていったのである。

犯人たちは突入できるほどの操縦技術を持っていなかった

ＷＴＣビル２棟とペンタゴンに突入したテロ犯たちは、高度な操縦技術を持っていたとされている。実際、飛行機が着陸する際の速度は時速３００キロ程度であるが、その速度では、プロのパイロットであっても滑走路内の着陸地点はなかなか定まらないという。ペンタゴンへ突入した飛行機は、ほぼ巡航速度と同じ時速８００キロ程度であった。

航空会社関係者によると、その速度で高さ20メールほどの壁に横から突っ込むのは、針の穴を通すような精度となる。

つまり、ハイジャック犯には相当の腕前が要求されることになる。実行犯とされる人々には、それだけの操縦技術があったのだろうか。

ペンタゴンに突入したとされるアメリカン航空77便を操縦していたのは、実行犯の中でもエース・パイロットと言われるハニ・ハンジュール氏とされている。ハンジュール氏は、事件の１ヶ月ほど前から米メリーランド州ブーイーにあるメリーランド・フリーウェイ空港を３回利用し、空港の持つ飛行機の１機を使用する許可を得ようとしていた。

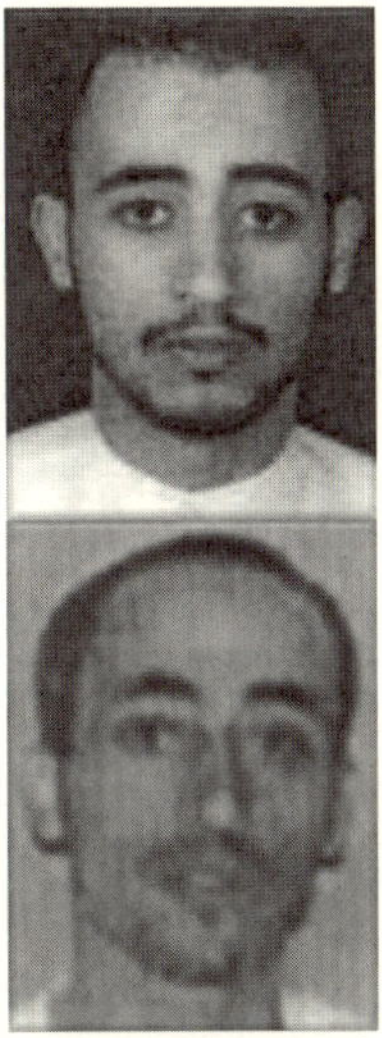
ハニ・ハンジュール氏

次の情報は、２００１年9月18日付の『The Prince George's Journal』誌に掲載されたものである。

「空港の主任フライト・インストラクターのマルセル・バーナード氏は、ハニ・ハンジュールという名の男が8月の第2週のはじめに、インストラクターたちとともに、セスナ１７２で3回飛行したと言った。そして、彼は空港から飛行機を1機借りたいと希望した。

出版された報告によると、司法関係筋は、ハンジュールは20代半ばで、アメリカン航空77便をペンタゴンに激突させたと疑われている。……（中略）……

ハンジュールはパイロットの免許を持っていたが、ルート50号と平行に走るフリーウェイ空港の飛行機を借りるには、空港の行うチェック・アウトと呼ばれるもので、パイロットの熟練度を測る必要があったとバーナード氏は言った。

ハンジュールは3回飛行したが、単独飛行には時期尚早であると飛行学校のインストラクターたちは感じ、彼は落胆していたようだったと言った。

出版された報告によると、ハンジュールは1999年4月にパイロットの免許を取得したが、必要な健康診断を完了しなかったため、6ヶ月後に免許は失効したという。彼はまた、1996年にアリゾナ州スコッツデールの民間飛行学校でも数ヶ月訓練を受けていたが、インストラクターたちは彼には無理だと感じたため、課程を修了することはできなかった。

ハンジュールは600時間学んだことが記録に残っていたが、経験の割に上手に飛行できなかったことにインストラクターは驚いていたとバーナード氏は語った。……（中略）……

FBIの特別捜査官でスポークスマンであるピート・ゴウラッタ氏は、犯罪の捜査中でありコメントできないと語った」

このようにハンジュール氏の飛行技術は実にお粗末なものであったが、それにもかかわらずFBIは彼の〝卓抜した技術〟でペンタゴンに突入したと主張した。

77便は、ペンタゴン突入前に高速で270度の急旋回を行っている。ハンジュール氏にこのような離れ業《わざ》が可能であろうか？　もちろん、77便はミサイルか小型航空機にすり替わっていた可能性があるので、そうだとすると、ハンジュール氏の腕が試される機会はなかったであろうが……。

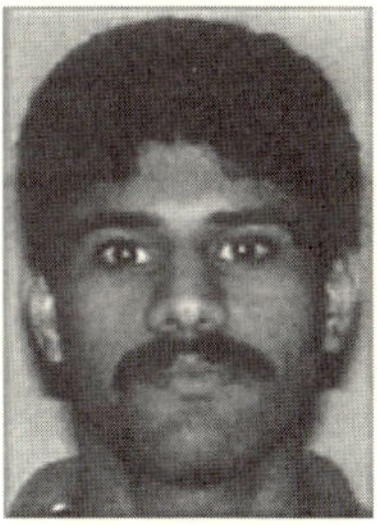

ナワフ・アルハズミ氏

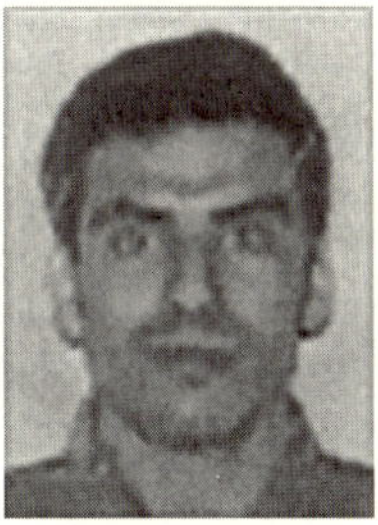

ハリド・アルミダル氏

また、２００１年９月24日付ワシントン・ポスト紙では、同じ77便に乗ったナワフ・アルハズミ氏とハリド・アルミダル氏に関しても触れている。二人はサンディエゴの飛行訓練学校で少し学んだが、いずも英語力と能力不足で落第したとのことであった。

さらに、ワシントン・ポスト紙は、二人を見たインストラクターの言葉を次のように紹介している。

昨年春、二人が地方空港であるモンゴメリー飛行場を訪れ、飛行訓練を求めた。彼らはソービズ・フライング・クラブのインストラクターたちに話しかけた。そして、わずか２回のレッスンを受けた後、あきらめるように忠告された。

彼らの英語はひどかった。技術的な熟練度はさらにひどかった。まるで車さえ運転したことがないようだった。

彼らは、ナイス・ガイといった感じだったが、機上ではまったく話にならなかった。

WTCビルへの突入を行ったとされるハイジャック犯たちについても触れておこう。アメリカン航空11便を操縦したとされるモハメド・アッタ氏とユナイテッド航空175便を操縦したとされるマルワナル・アルシェヒ氏は、ともにフロリダ州ベニスの飛行訓練学校ホフマン・アビエーションで数百時間学んでいる。さらに、二人はサラソータ・ブラデントン国際空港で運営するジョーンズ・アビエーション・サービス社でも学んでいる。

2001年9月19日付ワシントン・ポスト紙によると、次のような内容の記事を掲載して、二人が飛行技術を習得しえなかったことを伝えている。

ジョーンズ・アビエーション・サービス社のフライト・インストラクターは、アッタとアルシェヒは9月か10月にやってきて、飛行訓練してくれるよう求めてきた。特にアッタはひどかったという。「彼は相手の顔を見ようとしなかった。話しかけても、こちらの目を見ることができなかった。彼の注意力はとても散漫だった」

インストラクターいわく、どちらも第一段階のテストすら通過することができなかった。いくつかきつい言葉をかけた後、二人は出て行ったという。「我々が追い出したのではない。

こっちの基準に合わなかったのだ」

突入した飛行機はリモコン操作されていたのか

以上のことから、ＦＢＩが公表したテロ実行犯たちには、セスナ機程度は何とか飛ばせたとしても、ボーイング７６７、７５７クラスのジェット機を飛ばすことは不可能であったと思われる。では、誰がどのようにしてハイジャック機を操縦し、ターゲットに正確に命中させることができたのか。

4機の飛行機がわずか15分間で一度にハイジャックされ、その2時間後にはいずれも墜落しているのである。これだけ計画的に行われた犯行では、視界の悪い曇りや雨の悪条件でも決行するぐらいの覚悟でいただろう。

しかし、手動操縦では、相当地理に詳しいベテラン・パイロットでも至難の業なのだ。なぜなら、現在のパイロットたちは、フライト・マネージメント・コンピューター（ＦＭＣ）に経度、緯度、高度などをあらかじめ打ち込んで、コンピューターに任せることで安全な飛行を行っているからで、突然予定外の航路を飛ぶことは不可能とも言えるのだ。もちろん、航空管制官による助けも必要だ。

そうなると、自動操縦、つまり、遠隔操作によって飛行機をコントロールしていたとしか考えられないのである。すでに触れたように、ハイジャック犯たちの何人かは、実のところ、事件を起こした飛行機に乗っていなかったのだ。

２００１年９月30日、航空会社は事件に巻き込まれた４機の搭乗者リストを公開したが、その中に19人のハイジャック犯の名前は一人として載っていなかったことからも、それは明らかであろう。

事件に利用されたボーイング７６７、７５７は最新のデジタル技術が駆使されたもので、最初の離陸時のみ手動操縦が必要だが、その後は着陸に至るまで完全に自動操縦が可能である。そして、ＷＴＣに突入した２機とも、最新のＢ７６７であったのだ。


２００１年４月24日、イギリスのインターナショナル・テレビジョン・ニュース（ＩＴＮ）は、ボーイング７３７と同程度の大きさの無人航空機を１００％の遠隔操作でアメリカからオーストラリアまで無事に飛行させたというニュースを伝えた。この飛行機は、ノースロップ・グラマン社のグローバル・ホークと呼ばれる無人偵察機である。このニュースは、９・11テロの

5ヶ月前に報じられたものである。

そもそも、航空機の遠隔操作は決して最近のテクノロジーではない。1970年代に多くのハイジャック事件に直面したアメリカは、ペンタゴンの技術開発を担う国防先端技術開発局（DARPA）に対して、ハイジャックされた飛行機を地上から遠隔操作で安全に着陸させる技術の開発を命じた。そして、10年ほど前からすでに遠隔操作によって飛行機は飛んでいると言われている。

2001年10月4日の中日新聞の記事をご覧いただきたい。

米航空機メーカー・レイシアンがリモコン操縦システムを開発

【ニューヨーク3日　五十住和樹】米マサチューセッツ州の航空機メーカー・レイシアン社は2日、軍事用衛星利用測位システム（GPS）を使って民間航空機を誘導し、ニューメキシコ空軍基地へ着陸させることに成功した、と発表した。

リモコンを使って模型飛行機を操作する方法とほぼ同じで、操縦席の機能を無効にして無事着陸させられれば、ハイジャックされた旅客機がビルに突入するテロを防げるという。実験は8月に行われ、パイロットが操縦する必要なく着陸。同社によると、飛行補助装置として開発したが、遠隔操作着陸システムとしても使える技術という。ハイジャック事件が起きても、パイロットの操縦を無効にして、地上から飛行機を誘導し安全に地上に着陸させられる。今回の事件以降、米航空業界などがこの技術に注目している。しかし、米航空関係者の間には「テロリストが遠隔操作装置を手に入れたら同じこと」との指摘もある。

これだけ遠隔操作の技術は進歩しているのである。逆にいうと、少なくとも現代のアメリカ製航空機は、遠隔操作が可能なように設計されているのだ。それを利用すれば、まったく特別な装置を飛行機に取りつけることもなく、遠隔で飛行機の操縦権を奪い、予定された航路通りに飛行機を飛ばすことが可能である。

ところで、興味深いことだが、2001年9月10日、まさに9・11テロの前日であるが、ワシントン・タイムズ紙はアメリカ軍のSchool of Advanced Military Studies（SAMS）の将校による謎めいた発言を掲載していた。

「イスラエルの諜報機関モサドの残忍さと狡猾さがあれば、アラブのテロリストがアメリカの民間機を乗っ取ったように見せかけて、狙った目標にぶつけることが可能である」

私が考える「９・11テロのシナリオ」

さて、私がこれまで触れてきたことを思い出していただければ、少し矛盾が生じることにお気付きになっただろうか。つまり、ジェット機の突入時には、機体はすでにすり替わっていた可能性があるからである。

では、Ｂ７６７やＢ７５７が遠隔操作に向いているとしても、それがペンタゴンやＷＴＣに突入したのではないとなると、どのようなシナリオが考えられるだろうか。

機体にＢ７５７を使用した77便は、遠隔操作により途中でコースを逸れる。そして、ミサイルか小型航空機にすり替えられ、ペンタゴンに激突する。もとの77便は、ペンタゴン近くのヘリポートに墜落したのかもしれない。

そして、機体にＢ７６７を使用した11便と１７５便は、同様に遠隔操作により、途中でコースを逸れる。そして、その間に巧妙に別のジェット機にすり替えられる。すり替えられた新たなジェット機は、これまた遠隔操作をされて、ＷＴＣに突入していった。

それにしても、11便と１７５便は、どこに行ってしまったのか？　大西洋のどこかに遠隔操作で墜落させられたのだろうか。そうかもしれない。

そう考えると、確かに矛盾は解消するように思われる。

しかし、2003年春頃、新たな仮説が注目を集めた。きわめて信じがたいものであるが、紹介しておくことにしよう。

ハイジャックされた各便は常に満席に近い状況にあったが、事件当日は、不可解にもわずか数十名の乗客しか乗っていなかったという事実を前提にお読みいただきたい（通常、あまりにも乗客数が少ない場合は、欠航となる点でも矛盾がある）。

次のようなシナリオだったという。


ボストンを出発した11便と175便は緊急事態発生のために、飛行途中でFAA（連邦航空局）から次々と近くの米軍基地に着陸させられる。この際、FAAは安全確保のために、パイロットにトランスポンダーをオフにするように命令する。トランスポンダーがオンになっていると、航空会社、便名等の情報が管制塔のレーダーに表示されてしまうからである。

そして、着陸と同時に〝替え玉機〟がそれぞれ米軍基地から遠隔操縦で発進する。その後、替え玉機は次々とWTCビルに突入していくことになる。

一方、緊急着陸をした2機からの乗員は、準備されていた別の飛行機に乗せられ、ピッツバーグ郊外に墜落することになるユナイテッド航空93便に合流する。これは、やはり途中の米軍基地で行われる。そして、93便は、満員に近い乗客を乗せて再び飛行を開始する。乗客・乗員らを１機にまとめたところで、アメリカ軍戦闘機が93便を撃墜するためだ。

このように、何とも恐ろしく信じがたい説が登場したのである。ただ、冷静に考えてみると、乗員の乗り換えが大変だということから、可能性としては小さいように思われる。

しかし、ＷＴＣビル突入機の１機目もＢ７６７とは異なる小型機であったという目撃談や、ハイジャック機の搭乗者がきわめて少なかったのはなぜか、という謎は確かに存在する。そのようなことを振り返ると、この話も、単に悪い噂話として切り捨てられる仮説ではないのかもしれない。

12の疑問点

以上の事実から、９・11テロは緻密に計画された大規模なテロであったことは明らかではないか。

犯行グループは4機すべてをごく短時間でハイジャックすることに成功した。ペンタゴンではB757ではなく、巡航ミサイルか小型航空機が突入して爆発を起こした。WTCビルへの突入には軍事機密の遠隔操作技術が使用された。

そう考えると、9・11テロはアメリカ政府内部に通じたグループによる犯行としか考えられないのではないか。なぜなら、普通の民間人がミサイルを使用したり、軍事機密の遠隔操作技術を利用することなどありえないからだ。

もちろん、アメリカ国外にいたテロリストであれば、なおさら不可能な芸当ということになる。つまり、ブッシュ大統領は9・11テロを事前に知っており、黙認したか、あるいは、彼自身が指示を出して米当局が行った自作自演テロであった可能性すら考えざるをえなくなるということだ。

そのためか、9・11テロに関しては、アメリカでは報道規制が行われた感が強いが、米政府に対して疑問を持った人々も多く存在した。そこで、上院に対して9・11テロにまつわる不審点の調査を求め、請願書への署名運動も行われた。インターネット上では、2006年6月現在で、約3万人の署名が集まっている。

この請願書では、2001年9月11日に起きた同時多発テロに関して、次の12の疑問点を含めて、徹底的な調査と説明を要求している。

1. 9・11の直前にユナイテッド航空とアメリカン航空の株式が大量に空売りされた件
2. 9・11の直前にWTCを通じて1億ドル以上の電子取引がなされた件
3. 9・11で墜落した4機のブラックボックスの記録公開
4. ハイジャックされた航空機から乗客がかけた携帯電話による通話料が、請求書に記載されていない件
5. 9・11当時勤務についていたすべての航空管制官へのインタビュー内容
6. 目撃者が、93便が墜落する前に空中爆発した詳細を証言していること
7. 93便の墜落現場から約7マイル離れた地点まで機体の破片が広範囲に散乱したこと
8. 2001年以前から計画が進んでいた、アフガニスタンにまたがる石油パイプラインの建設推進におけるユノカル社の役割
9. 2001年以前から計画が進んでいた、アフガニスタンにまたがって石油パイプラインを建設しようとしているユノカル社の事業におけるカーライル社の役割
10. 9・11のハイジャックと墜落において利用された遠隔操作ソフトウエア技術の役割

11・ジョージ・W・ブッシュ大統領が9・11攻撃を事前に知っていた可能性について
12・米国の軍事介入後、アフガニスタンでアヘンの生産が爆発的に増加したことにおける北部同盟の役割

これらの矛盾点のいくつかはすでに触れてきた。それらからも、9・11テロがいかに欺瞞《ぎまん》に満ちた事件であったかはご理解いただけると思う。

他に触れていない点もあるが、紙面の都合上、ここでは情報操作が行われてきたことに関して、少しだけ補足してみることにしたい。

テレビで報じられた〝虚偽の証言〟

元検察官で、評論家として知られるバーバラ・オルソン氏(46)は、司法省で働く夫(テッド・オルソン氏)に、ワシントン発ロサンゼルス行きアメリカン航空77便の機上からハイジャックに遭ったことを携帯電話で伝えたという。

声は落ち着いていた。いったん電話を切り、2回目にかけてきたときに、複数の犯人が刃物

で乗客らを脅し、客室の後部座席へ移るよう指示したことを知らせてきた。「何をすればいいのだろう」。夫への問いかけが最後の電話になった。

これはＣＮＮが事件翌日の９月12日午前2時過ぎに報じたものである。著名人がハイジャック機で亡くなるばかりか、機内の様子を伝えた貴重な情報として、このニュースはまたたくまに世界中を駆け巡っていった。

これだけのスクープを取り上げたＣＮＮであったが、事件後しばらく時間が経っても、夫のテッド・オルソン氏とのインタビューは決して放映されることがなかった。

なぜであろうか。

そもそもおかしなことがあった。もしあなたが最愛の妻を亡くしたとしたら、事件当日はショックでインタビューを受ける気持ちになどなれないだろう。実際、テッド・オルソン氏が職場に復帰したのは事件の6日後であった。12日の午前2時過ぎにニュースになっているということは、当日の11日にＣＮＮは取材を終えていたことになる。このようなことがありえるだろうか。

テッド・オルソン氏は、事件後も妻の死に関して言及することを避けてきている。事件直後にショックを受けていたときには口を開くことができたが、時間が経つとしゃべれなくなるなどということがあるだろうか。
実は、事件の6ヶ月後にテッド・オルソン氏はロンドン・テレグラフのレポーターのインタビューに応じていた。アメリカ国内ではなぜか報道されることがなかったが、テッド・オルソン氏はさらなる詳細を次のように語っている。

「彼女は電話してくるのにてこずっていた。というのは、彼女は携帯電話を使っていなかったからです。彼女は座席にすえつけられた電話を使っていました。彼女はコレクトコールをしてきたので、おそらく財布を持っていなかったのでしょう。それで、司法省に掛けようとするのは、簡単なことではありません。……(中略)……彼女は、パイロットに何と言ったらよいか、自分に何ができるか、どうしたら止めることができるのかを知りたがった」

ここまで語って、ようやくテッド・オルソン氏の証言が虚偽であったことが判明した。
アメリカン航空77便で使用されるボーイング757には、各座席に電話が取り付けられている。使用するときは、ただ受話器を持ち上げれば、交換手につながる。同じ機内で、他の座席にいる人と話をする際は無料である。しかし、機内ではなく、外のネットワークにアクセスするためには、最初にクレジットカードを電話機に通さねばならない。

ところが、テッド・オルソン氏によれば、妻のバーバラはそのときクレジットカードを持っていなかったのだ。設置された電話を利用するためには、セットアップ料に2ドル50セント、1分間2ドル50セントの通話料を要するが、それはクレジットカードでのみ支払い可能である。テッド・オルソン氏が勘違いをしていて、妻のバーバラは他の乗客からクレジットカードを借りたのだろうか？　いや、それはありえないことである。

というのも、クレジットカードが受け入れられた段階で、どこの番号にも好きなだけ通話可能となるわけで、わざわざコレクトコールを利用する必要は生じない。というか、そもそもコレクトコールは利用できないようになっているからである。

テッド・オルソン氏の証言は、本人の判断による狂言だったのか、誰かに頼まれて行った狂言だったのか。それは定かではない。しかし、テッド・オルソン氏が事件当日の妻の様子をCNNに伝えたこと、その後のテレビ等の取材を避けてきたこと、ロンドン・テレグラフのレポーターに証言した内容がアメリカ国内では報道されなかったこと等の理由がその後、説明されることとなったのである。

死亡したはずのバーバラ・オルソン氏がヨーロッパで逮捕!?

ジャーナリストのトム・フロッコ氏は2005年9月22日、9・11テロの際、アメリカン航空77便でペンタゴンに突っ込み、死亡したはずのバーバラ・オルソン氏が、ポーランドとドイツの国境で、アメリカとフランスの諜報部員たちによって逮捕されていたという衝撃的なニュースを報じた。逮捕されたのは9月19日または20日で、罪状は、偽のイタリア紙幣数百万リラとバチカンの偽造パスポートの所持であったという。

あまりに際どいニュースのため、このニュースを伝えた諜報部員たちは自分たちの名前と事件の詳細を明らかにすることを拒んだというが、77便から夫のテッド・オルソン氏に機内電話を掛けたことは嘘であったこと、ペンタゴンに激突したのは、自分が乗っていた機体とは別物であったことを告白したという。そして、オルソン氏は9・11テロの共謀者とみなされていたようだ。また、他の情報源では、逮捕された際、オルソン氏は整形手術を行っていたとも言われている。

もしこれが事実であるとすれば、少なくとも77便の乗客に関しては、今でも生存している可能性が残される。そうなれば、9・11テロは拉致事件としての性格も帯びた、史上まれに見る大事件であったと言えるのではないか。

飛行機内から地上に携帯電話をかけたというのは本当か

9・11事件当初、バーバラ・オルソン氏以外にも、ハイジャックされた飛行機の中から乗客が機内の様子を携帯電話で家族に報告していた例がいくつか報道されてきた。

ニューアーク発サンフランシスコ行きユナイテッド航空93便は、ピッツバーグの南東約130キロの森に墜落した。この93便に搭乗していたニュージャージー州のインターネット会社役員、ジェレミー・グレッグさん(31)は、地上の妻リスベスさんと携帯電話で話をしており、二人の会話の内容も大変注目を集めた。まずは、そのときの状況を紹介しよう。

ジェレミーさんは、「爆弾を持っている」と脅す犯人たちから飛行機を奪還する計画を他の乗客3人とともに立て、それを携帯電話で妻に「絶望的な作戦だが……」と打ち明けた。約20分間の会話の末、リスベスさんは「あなた、(奪還作戦を)やらなければいけないわ」と返事をした。

機内では、ナイフなどで武装したアラブ系の男3、4人が客室乗務員を次々に刺し、爆弾だという赤い箱を手にして、操縦室を占拠していた。

同機の乗客たちは携帯電話で家族や親類に連絡を入れ、テロ事件のことを知らされており、自分たちの飛行機も先の3機と同じ運命をたどることを理解していた。

「何か行動を起こさなければ。操縦席を自分たちの手に取り戻すしかない」

「いいか、みんな。行くぞ」

ジェレミーさんら乗客が席を立った後も、電話はつながったままだった。しばしの静寂の後、叫び声が聞こえ、再び静寂が訪れた。次の叫び声の直後、電話は途絶えた。

こうして同機は、ニューヨーク郊外を離陸して約一時間半後の午前10時6分に墜落した。


以上は、バーバラ・オルソン氏のときとは異なり、実際に携帯電話を通した会話からわかる機内の状況であった。ジェレミーさんに限らず、他にも何人もの乗客が携帯電話で地上の家族や恋人たちと会話を交わしていたことがわかる。

しかし、ここで素朴な疑問が生まれる。一体、携帯電話を使って本当に飛行機内から地上の相手と会話することはできるのであろうか。

そもそも、携帯電話の電波は500メートルくらいしか飛ばないはずである。携帯電話はセルラーホンとも呼ばれており、500メートル半径のセルと呼ばれる地域ごとに受信アンテナと通信している。これにより、携帯電話の出力電波の強度を小さく抑えて、バッテリーの寿命を延ばしているのである。そのため、高度1万メートル程度を飛行していたと思われる航空機内から、携帯電話で通話ができる可能性はきわめて小さい。

また、携帯電話の回線をセルから次のセルに切り替えるハンドオーバーのスピードはジェット機のスピードの移動体には対応できないと言われている。

市内でも例えば広い公園に行っただけで通話ができなくなるというのが広いアメリカの現状だ。地上ですら通話不能の区域がたくさんあるのに、上空での通話となると、どの程度成功したのか怪しいところである。特に、93便はペンシルベニア州の閑散とした林の中に墜落したのである。都会の上空を低空飛行していたのなら、通話は可能であったかもしれないが、通話はきわめて難しい状況であったのは間違いないだろう。

実際、最新の携帯電話数機種を使って、どの高度まで通話可能かを実験した人物がいる。カナダのウエスタン・オンタリオ大学のキー・デュードニー教授である。彼はセスナ機を使って、高度を変えながら、機内から地上に携帯電話で通話する実験を行った。

その結果、高度2400メートル程度で、どの携帯電話も使用不可能となったのだ。しかも、これはセスナ機を使用して実験したケースである。もし、もっと高速なジェット機を使って実験を行ったら、低速でさらに低空飛行しなければ通話不可能であったと予想される。

一方、携帯電話の持ち主に送られてきた電話会社の請求書には、通話の記録がなかったことも判明している。携帯電話による通話が成立しなかったからこそ、請求書にまったく記載されていなかったと考えるのが妥当であろう。

上記のグレッグ夫妻のような情報を米当局が公表した目的は何だったのか。犯人がアラブ系であったという情報を流し、携帯電話でのやりとりを美談にするための捏造《ねつぞう》だったのだろうか。

事前に知っていたとしか思えないブッシュ大統領の不可解な行動

9・11テロの後、ブッシュ政権は事前に大規模テロの可能性を国内外の諜報機関や政府機関から警告されていたことが報じられた。素直に解釈すれば、ブッシュ政権は事前にテロの可能性を知ってはいたが、WTCやペンタゴンがハイジャック機の標的になることは予測できず、特別な対策を講じなかったということになるだろう。

ただし、アルカイダの危険性に関しては、事前に気付いており、９・11テロ前から報復を準備していたことが判明している。

２００２年６月16日、ロイター通信はワシントンから次のニュースを報じている。

米政府のアルカイダ掃討作戦、テロ事件以前にすでに策定

昨年９月11日の米同時多発テロの２日前に、オサマ・ビンラディン氏の軍事組織アルカイダを掃討する「詳細な戦争計画」がブッシュ大統領にすでに手渡されていたことが判明した。

米ＮＢＣニュースが「米国と海外の消息筋」の情報として伝えたところによると、ブッシュ大統領は、アルカイダに対抗する外交上、軍事上のあらゆる手段を使うことを目的とした計画書である国家安全大統領指令に署名するよう求められていた。テロ事件後のブッシュ大統領の行動は、ほぼその計画書の筋書き通りで、計画書には、諸外国への情報収集面での協力要請やアルカイダの銀行口座の凍結、資金洗浄活動の阻止なども含まれていた、という。

ＮＢＣは、計画書は、９月９日の段階でブッシュ大統領の机の上に載っていたが、ブッ

シュ大統領はテロ事件後まで署名するチャンスがなかった、と伝えている。一方、米有力議員らは、米国政府がテロ事件の発生前に、テロ事件を未然に防げるだけの十分な情報をつかんでいた疑いがあるとして、政府に説明を求めた。チェイニー副大統領はこれに対し、より悲惨なテロ事件に発展したかもしれない時期の政府の行動に対する批判は無責任だ、と反論した。

米政府は、情報機関は昨年8月にブッシュ大統領にアルカイダが米国航空機をハイジャックする可能性があると伝えていたが、そのハイジャック計画は一般的すぎて、これを阻止する行動は不可能だった、と主張している。

もちろん、ブッシュ政権がアルカイダの危険を早くから察知して、対応策を練っていたと考えるべきであろう。しかし、すでに様々な疑惑に触れたように、ブッシュ大統領は9・11テロの詳細を事前に知っていた可能性がある。

現に、ブッシュ大統領は、9・11テロの報告を受けた際、きわめて不自然な行動と発言を行っている。

9・11テロの直前、ブッシュ大統領はフロリダ州サラソータのブッカー・スクールという小学校に向かっていた。そこで小学校3年生の子供たちを前にしてリーディング（本読み）の授業に参加することになっており、到着後、教室に顔を出す前にホールで待機した。

そのとき、ブッシュ大統領はすでに一機目の航空機がWTCに突入した知らせを受けていた。しかし、ブッシュ大統領は予定を変更しなかった。そして、リーディングの授業に参加して子供たちを前にして話を始めると、主席補佐官のアンドリュー・カード氏が大統領のところにやってきて、耳元で2・3秒ささやいてメッセージを伝えた。

ところが、不思議なことに、ブッシュ大統領はその後も数分間、ただ教室内で椅子に座り続けた。

２００１年12月4日、フロリダ訪問中のブッシュ大統領はそのときの様子を次のように振返っている。

「私はフロリダにいた。そして、私の主席補佐官のアンディー・カードも。実際、私は教室にいて、効果のあるリーディングのプログラムについて話をしていた。私は教室に入る前には、教室の外で座って待っていて、飛行機がタワーに突入するのを見た。間違いなく、テレビは点いていた。私は自分でも飛行機を操縦したことがあって、こう言った。ああ、ひどいパイロットがいたもんだ。おぞましい事故に違いない、と言ったよ。

しかし、すぐにそこを立ち去らねばならなかった。私にはそれを考えている十分な時間がなかったんだ。それで、私は教室の中で腰掛けると、向こうに座っていた私の主任補佐官のアンディー・カードが歩んできて、『二機目がタワーに突入しました。アメリカは攻撃に遭っています』と言ったんだ」

ここで興味深いのは、大統領がホールにいたときに、そこにあったテレビで一機目のハイジャック機がWTCビルに突入するシーンを見たと発言したことである。この発言は、校長のグウェン・リゲル氏も聞いたという。さらに、2002年1月5日、カリフォルニアでのタウンホールミーティングにおいても、ブッシュ大統領は同様の発言を繰り返している。

皆さんもご存じのように、私たちが事件当日テレビで見たWTCビルへの突入シーンは二機目のものからであり、一機目ではない。のちに一機目の突入映像が出てきたものの、ブッシュ大統領が教室に向かうまでにテレビでは決して放映されることはなかったのである。

当時は誰も見たことのなかった一機目の突入映像。事前にテロを知っていて、秘密に設置したカメラからの映像を大統領は見ていたのであろうか。あるいは大統領の単なる勘違いなのであろうか。

また、一機目の突入を知った後に、なぜブッシュ大統領は子供たちの前に現れたのか。カード氏が大統領の耳元でニュースを伝えたのは午前９時６分のことであったが、８時20分に11便がハイジャックされたことを連邦航空局（ＦＡＡ）がシークレット・サービスに伝えたのは８時45分のことであった。

その間、大統領は軍に即座に連絡を取って対応策を指示する任務を怠っていたことになる。これだけの大事件を聞くだけでなく、実際に目にしながら、予定通り子供たちの前でリーディングの授業を行ったというのは、何とも不可解である。

「政府は知っていた」説を裏づける状況証拠

９・11テロに対する疑惑はまだいくつも存在する。

例えば、私たちが何度も目にした飛行機がＷＴＣビルに突っ込む映像である。私たちはあの映像を「一機目の飛行機が突っ込んだ後の様子を撮影していたら、二機目の飛行機が突っ込んできたので撮影できた映像」と思っていた。

ところが、アメリカのＣＮＮテレビでは、一機目の飛行機が突っ込む映像まで流していた。しかも、その映像は飛行機が突っ込む側から撮られていて、飛行機が画面の手前から飛んでいき、ビルに突っ込む様子がはっきりと映っている。

映像を見る限り、カメラをあわててビルの方に構えたような様子や、手ぶれ、画面の揺れはない。このような映像が果たして「偶然に」撮れるものだろうか。しかも奇妙なことに、この映像は事件直後には日本でも何度かテレビで目にしたものの、その後はまったく見なくなってしまった。

その他にも識者から様々な点が指摘された。

1．世界貿易センタービルは飛行機もろとも爆発、大炎上したにもかかわらず、事件直後、「犯人」とされるアラブ人のパスポートが「発見」された。

2．国防総省（ペンタゴン）と世界貿易センタービルに勤務していた４０００人が事件当日、有給休暇をとっていた。

3．世界貿易センタービルにあるモルガンスタンレーに勤務する３５００人のうち、行方不明者は５人だけだった。また、ゴールドマン・サックスの社員には事前に警告Ｅメールが届いていた。
4. 事件直後にボストン空港の駐車場に停めてあったレンタカーから、アラビア語の飛行機操縦マニュアルが「発見」された（飛行機は低空で機体を急旋回させるという高度な技術、相当の操縦経験が必要とされる離れ業をやってのけたのに、「犯人」は直前までマニュアルを見ていたとでもいうのだろうか？）。
5. イスラエルのシャロン首相は、アメリカ東海岸への訪問を事件の直前にキャンセルしていた。
6. テロリストなら必ず「犯行声明」を出して自らの力と存在を誇示するのに、9・11テロではパンジャブの弱小地下組織の「犯行声明」が出されただけだった。

このような多くの状況証拠から想像されるのは、政府は事前にテロの情報を得ていたのに防げなかったのではないか、つまり、テロは起こるべくして起こったのではないか、ということである。実際、そのような「疑惑」がアメリカ国内外で議論されたことはすでに触れた通りである。

この「疑惑」はアメリカ議会でも問題になり、質問の急先鋒に立った野党民主党のヒラリー・

クリントン上院議員は「大統領はどこまで知っていたのか」と激しく詰め寄った。

アメリカは闇の権力にコントロールされている

ブッシュ大統領は様々な警告があったにもかかわらず、なぜ即座に手を打たなかったのか。ましてや、あれだけ大掛かりなテロを起こすには、犯人たちは何らかの通信手段を使って情報をやりとりしていたはずで、それを世界に誇る諜報能力を持つアメリカが察知できなかったというのも理解に苦しむ。

私見を先に言ってしまうと、このテロはテロリストの犯行を事前につかんでおきながら、それを放置したことにより、結果的に引き起こされたのではないか。つまり、ある勢力により、人為的に引き起こされたものだったのではないか。では、その「ある勢力」とは何か?

それは拙著で何度も触れている「闇の世界権力者たち」である。闇の世界権力者とは、文字通り表には出ず、裏で国際政治や国際経済に多大な影響力を持ち、それらを牛耳っている勢力のことである。

彼らは巨万の富を背景に、エネルギー、食糧、金融、軍需、医療・製薬産業などを独占し、国際的なコングロマリット（多角的経営を営む巨大企業群）を形成している。彼らはエネルギー開発や鉱山開発を狙って地下資源が豊富な地域に入り込み、領土や民族や宗教をめぐる争いをそそのかし、あるいは「民主化運動」や「反体制勢力」を支援し、その国の政権を揺さぶる。そして、それらの地域に武器や兵器を売りさばき、いざ戦闘が始まると〝喧嘩の調停人〟のような顔をしてその地域に関与し、いつの間にか実質的な支配下に置いてしまうのだ。

彼らはそうした手段を通じて最終的には世界同時戦争（ハルマゲドン）を引き起こし、混乱に乗じて自分たちの手で「世界統一政府」を樹立するというビジョンを描いている。9・11テロも彼らの壮大なプロジェクトの一端として起こされたのではないか、というのが私の意見である。

闇の権力者たちは、アメリカを傀儡《かいらい》国家として利用し、「世界統一政府」樹立のために働かせようと思っている。なぜアメリカが選ばれたかといえば、国家誕生から歴史が浅く、王族もいなければ独自固有の文化や文明もなく、寄生しやすいからである。

現在、世界には価値観や慣習の異なる様々な文化、文明、民族、宗教が存在し、数多くの主権国家がひしめいている。このような状況の中で「世界統一政府」を樹立するためには、逆らう者、違う価値観を持つ者、独自固有の文化や文明を持つ国は排除する必要がある。また、世界の人口は少し多すぎるので、これも減らす必要がある。

そこで、闇の権力者たちはアメリカを世界最強の軍事力を持つ国に育て、世界のあちらこちらで戦争、紛争を絶え間なく引き起こすように仕向けてきたし、現在もそうしているのだろう。

もちろん、当のアメリカは自分たちこそが世界で最も力を持ち、かつてのスペインやフランスやイギリスにとって代わった世界の帝国なのだと信じて疑わないため、よもや闇の権力者たちに巣食われているとは思ってはいないのだろう。

ブッシュ大統領が「脱シオニスト」を掲げた直後に起こった9・11テロ

しかし、9・11テロはその傀儡国家としてのもろさを露呈していた。このテロには闇の権力の一翼を担うシオニスト過激派が大きく関係していた。

シオニストとは、ふつう、「シオンの丘（パレスチナ）にユダヤ人国家を建国する」ことを目指す「シオニズム」運動を扇動《せんどう》しているユダヤ人民族主義者のことだが、ここでいうシオニスト過激派とは、「武力で他民族を抹殺してでも、目的を叶えようとする一部の過激な勢力」のことを指す。

彼らはアメリカでのロビー活動を通じて、議会や政府に多大な影響力を持っている。その影響を大きく受けていたのがクリントン政権である。クリントン前大統領はシオニストを閣僚に起用し、あたかも彼らの代弁者であるかのような政権運営をしていた。

例えば、１９９９年のユーゴスラビア空爆について、共和党からは「国益にならない。シオニストの利益にしかならないではないか」と激しい反対の声が挙がっていたが、クリントン大統領は強行した。彼は何度かシオニスト過激派に対して抵抗を試みたこともあったが、そうなるとたちまち闇の権力が経営権を握る大手マスメディアにスキャンダルを突きつけられる、という宿命にあった。

これに対してブッシュ大統領は就任早々「脱シオニスト」を掲げ、閣僚にもユダヤ人は起用しなかった。そして、クリントン政権時の政策の見直しに着手し、シオニスト過激派向けの政策にメスを入れた。また、ＣＩＡの機構の見直しや、ＦＥＭＡ（米連邦緊急事態管理庁）の長官に自分の息のかかった人間を据えるなど、大統領の権限集中に取り組んでいた。

ＦＥＭＡは災害から有事まであらゆる「緊急事態」に対応することを建前にしているが、非常時には大統領に代わって命令を下せる強大な権限を持ち、１９７９年の発足当初からシオニスト過激派の影響が指摘されていた機関である。

そうした見直しの矢先に9・11テロは起こったのだ。ブッシュ政権が9・11テロを〝自作自演〟した可能性がある一方、そのタイミングは、あたかも自分たちの意見に従おうとしない大統領をシオニスト過激派がけん制したかのようでもある。

ブッシュ大統領にはある程度の情報は事前に知らされていたはずだが、テロ実行に関する具体的かつ詳細な情報は知らされていなかったということなのかもしれない。同じく就任早々「脱シオニスト」を掲げたロシアのプーチン大統領もこれには非常に同情し、ロシアが蓄積していたシオニスト過激派の情報を惜しげもなく提供したと言われている。

「脱シオニスト」を掲げたブッシュ大統領が、シオニスト過激派の関与があったとされる9・11テロ後、急速に支持率を伸ばしたのは皮肉なことである。有効な景気対策がとれずに支持率が伸び悩んでいたブッシュ政権にとって、テロは追い風になったわけだ。

しかし、そのためにブッシュ大統領はシオニスト過激派の意見を無視するわけにはいかなくなり、結局「テロとの戦い」に突き進んでいくことになったとも考えられる。

アフガン戦争やイラク戦争を最も望んでいたのはシオニスト過激派を含む闇の権力者たちであった。もし、9・11テロがなければ、アフガン戦争もイラク戦争も、これほど世論を味方につけることはできなかっただろう。

戦争に慎重だったアメリカの世論は、９・11テロを境に一気に転換していったのである。

ＦＯＸテレビが９・11テロ謀略説を裏づける報道をした！

９・11テロにシオニスト過激派が関与していたのではないか、という点について、アメリカのＦＯＸニュースは興味深い特集を組んだ。テロから約３ヶ月後、４日連続で９・11テロの真相を追究する番組を放送したのである。

ＦＯＸニュースといえば、イラク戦争報道で愛国主義的な報道に終始し、視聴率を飛躍的に伸ばしたテレビ網として日本でもよく知られるようになった（しかし残念なことに、アメリカでは私たちが日本で見たようなイラクの女性や子どもの被害者の姿はほとんど放映されず、それゆえにアメリカの人々はイラク戦争を支持して疑わなかったのだ）。

ＦＯＸニュースは、アメリカの主要メディアがユダヤ系の人々に独占されていることに真っ向から反旗を掲げ、リベラルに傾いたメディア報道を排除し、愛国主義的な報道に徹することで近年急成長している。

アメリカの国益を何よりも優先する愛国心あふれるＦＯＸニュースによれば、アメリカの通信ネットワーク技術はイスラエル企業に依存しており、イスラエルはその立場を利用してスパイ活動を行い、9・11テロの情報を事前に知っていながらアメリカに警告しなかった、と言う。番組に登場したFOXニュースの記者は、「テロ関与の疑いで捜査当局に逮捕されたイスラエル人約60名が、捜査当局がいつ誰に電話をしたかを知っているという。我々がずっと追究してきた通り、イスラエルがアメリカ国内でスパイ活動を行っているのは明らかなのだ」と論じた。

記者の報告は次のようなものであった。

1．アメリカにおけるほとんどの電話番号案内サービスとすべての通話記録及び料金請求業務は、イスラエルに本社を置く「アムドックス」という民間会社がアメリカの電話会社から請け負っている。アムドックスは全米上位25社の電話会社と契約を結んでおり、通常の電話でアムドックスに記録を残さないで通話をすることは現実的には不可能である。つまり、アムドックスは、誰がいつどこに電話をしたかを知りえる立場にある。

2．こうした事態を懸念した国家安全保障局（NSA）では、アムドックスの記録が不正に使用されたり、組織犯罪集団に渡る可能性を指摘し、FBIやCIAに対して警告を行っていた。1997年にロサンゼルスで起きた麻薬密売事件では、アムドックスに集積されるのとまったく同じタイプの通話記録が悪用され、ＦＢＩやシークレット・サービス、麻薬捜査局、ロサンゼルス市警が出し抜かれた。アメリカの危機管理は非常に脆弱《ぜいじゃく》な基盤の上に成り立っている。

3. アメリカ企業が電話盗聴のために使用している技術もまた、イスラエル企業に依存している。それはコンバース・インフォシスという全米に支店を持つ会社で、アメリカの捜査当局に盗聴装置を納入している。

同社の研究開発費の50％はイスラエル政府の特別予算枠で支払われ、社員たちはシステムの保守管理のために、全米にはりめぐらされた通信ネットワークに常時アクセスできる。そのような行為自体は、１９９４年に成立したＣＡＬＥＡ法（法執行のための通信援助法）によって認められているので違法ではないが、問題は捜査当局が盗聴対象としている人物やその人物が交わした会話を同社がデータとして保管し、知りえる立場にあるという点にある。

取材に協力した政府高官たちは、「ＣＡＬＥＡ法によって盗聴は簡単になったが、システムそのものが危険に対してきわめて脆弱になり、盗聴という制度そのものを形骸化させてしまった」と指摘していた。

4. アメリカの国家としての沽券《こけん》に関わるこうした問題に対して、ＦＢＩも幾度となく捜査をした。ところが、取材に協力したFBIスタッフらは、「『イスラエルがコンバース・インフォシスを使ってスパイ活動を行っている』などと追及したり、ほのめかしたりしたら、自ら出世を放棄することになる」と語った。また、「情報漏えいの疑いありとして装置を実際に徹底検証する段階になると、決まって捜査が行き詰ってしまう」とも話す。

5．FBIの中でCALEA法による盗聴計画を監督している部署がコンバース・インフォシスに神経をとがらせる一方で、同社に装置を発注しているFBIのヴァージニア州クワンティコにある事務所では、同社に天下りしたスタッフが数名いた。このような癒着《ゆちゃく》構造のせいで、FBIも見えざる敵を追い詰めかねている。

WTCビル爆破の捜査に当たっている捜査官たちも、「盗聴対象になった容疑者たちに、極秘とされているはずの盗聴装置を仕掛けた途端、通信方法が変えられてしまう」と苦悩を語っている。

番組は過去から行ってきた取材を丹念に積み重ね、シオニスト過激派の9・11テロ関与をほぼ断定している。アメリカは以前からイスラエルを利する政策を実行してきている。そのため、両国はよく「コインの表裏の関係にある」と言われる。それはアメリカが闇の権力の傀儡《かいらい》国家であることの証左となるが、アメリカの情報がここまでイスラエルに筒抜けになっている証拠を突きつけられて、アメリカ国民もさぞ驚いたことだろう。

ＦＯＸニュースの懸念をしり目に、アメリカはイスラエル、それもイスラエル右派との関係を非常に密にしている。その実働部隊として暗躍するブッシュ政権内、それも特に国防総省で政策決定に当たる「ネオコン」は、イスラエル右派の代弁者としてアメリカ世論をアフガン戦争、そしてイラク攻撃へと一気に駆り立てた。

両戦争で圧倒的な勝利をおさめたことで、多くのアメリカ国民はブッシュ政権を称賛し、自分たちの正義に酔いしれた。

しかし、闇の権力のある人物が国連宛てに出した書簡には、アメリカも近い将来消滅する、と書かれている。アメリカを次々と戦争に駆り立てて無用な人口の削減に貢献させた後、他の大国と戦わせて使い捨てるというのだ。そして余計な人間がすべて片付いたところで「世界統一政府」を樹立するのだという。

超大国が自らの力をおごったとき、崩壊への道をたどるというのは、歴史上で何度も繰り返されてきたことである。アメリカは財政的にも「双子の赤字」を抱えており、２００５年８月末にアメリカ南部を襲った巨大ハリケーン「カトリーナ」による経済的ダメージも深刻であり、このまま軍事大国化が進めば間違いなく破綻への道を進むことになるだろう。

アメリカの同盟国である日本はアメリカに引きずられることなく、国益に基づいた国家戦略を実行すべきである。

第2章　アメリカの大統領選挙のひどい実態

ビンラディンはブッシュ大統領に利用されているのではないか

２００４年11月2日、アメリカでは大統領選挙が行われた。アメリカ国外では、大義名分もなくイラク戦争を始めたブッシュ大統領に対して手厳しい見方が大勢を占め、民主党ジョン・ケリー候補の当選が当然であると考えられていた。一方で、アメリカ国内での状況を考えると、「ブッシュ大統領に再選してほしくはないけれど、おそらくブッシュ大統領が当選するだろう」と予想する人々も多かっただろう。

そのため、アメリカ国内でブッシュ大統領に対する評価がどのように下されるのか、世界は固唾《かたず》を飲んで見守った。

当初、ケリー候補有利で選挙キャンペーンは始まったが、投票日が近づくにつれて、アメリカ国内の世論は拮抗《きっこう》していった。ブッシュ陣営はテレビＣＭを使ってケリー候補を批判するネガティブ・キャンペーンに精を出し、そのＣＭに影響を受けた有権者たちも多く現れた。だが、ケリー陣営に深刻な打撃を与える決定打とまでは至らなかった。

選挙前に3回行われたディベートの結果からも、若干ケリー候補が優勢かと思われた。しかし、ブッシュ陣営にとっては、まだまだ隠し球が残されていた……。

選挙直前の10月29日、国際テロ組織アルカイダの指導者オサマ・ビンラディン容疑者によるビデオ声明が、カタールの衛星テレビ「アルジャジーラ」で報じられたのだ。その声明の中で、ビンラディン容疑者は9・11テロを起こしたことを認めると同時に、新たなテロを警告した。新聞各紙は、目前に迫った大統領選挙で、現職のブッシュ大統領を落選させることが目的かと推測したが、むしろ逆と考えるべきであっただろう。

読者の皆さんは選挙直前に行われたビンラディン声明は、単に偶然のタイミングで出てきたもので、選挙戦略とはまったく関係ないと思われたかもしれない。しかし、そう簡単に切り捨てられる問題ではない。

そもそもアルカイダとは、1979年のソ連によるアフガニスタン侵攻に対抗する目的で、パキスタンの協力を得て米CIAが作り出した組織である。米当局の期待通りにビンラディン容疑者もアルカイダも動いていると考えても矛盾はないのだ。

事実、9・11テロの実行犯の一人とされた人物の元妻は、夫（テロ犯）は、アメリカ政府から定期的に金銭を受け取ってきたスパイであったことを証言している（第7章で詳述）。

9・11テロはブッシュ大統領を取り巻くネオコン（共和党タカ派の新保守勢力）による〝自

作自演テロ〟であった疑惑がある。つまり、９・11テロの目的は、１９４１年の真珠湾攻撃で採用された戦略と同様に、事前にテロを知りつつも、あえて自国民に大量の犠牲者を許すことで、アメリカ市民ばかりか世界中の人々に対して、イスラム世界に諸悪の根源があると説得させ、イスラム世界に対して戦争を仕掛けるきっかけを作り、それを正当化させることにあった可能性があるのだ。

映画『華氏９１１』の監督マイケル・ムーア氏が指摘したように、ブッシュ一族とビンラディン家は石油ビジネスにおいて親密な関係がある。そのような背景も考え合わせると、ビンラディン容疑者は、米当局の意向を受けて、悪役を演じることに合意していたか、もしくは、うまく利用されてしまったと考えるのが妥当ではないか。だとすると、米政府は当分の間、ビンラディン容疑者を本気で捕まえるつもりなど毛頭ないだろう。

例えば、１９９６年、ひそかに米国を訪れたスーダンのエルファティ・エルワ国防相（当時）は、国内に亡命して国際テロ組織「アルカイダ」の基盤構築を進めるビンラディン容疑者に国家転覆の危機を感じ、ＣＩＡに身柄の引き渡しを打診した。

ＣＩＡにとってビンラディン容疑者は、当時からサウジアラビアの米軍施設爆破テロなどで最重要の〝指名手配犯〟であった。しかし、ＣＩＡはなぜか同氏の引き受けを断り、スーダンからの国外追放を国防相に勧めたという。

また1998年夏、アフガンのタリバン政権さえもビンラディン容疑者の処遇に手を焼き、サウジアラビアへの引き渡し交渉を持ちかけてきたのに、CIAは一貫して消極的な対応をした。

さらに、2001年7月、ビンラディン容疑者は腎臓病を患い、アラブ首長国連邦のドバイにあるアメリカン病院に入院していたが、そのときには現地駐在のCIA代表者も見舞いに訪れていることがわかっている。

それればかりではない。9・11テロ事件の1週間後、無実のイスラム教徒たちが厳しい取調べを受けている中、当時アメリカにいたビンラディン一族24人あまりが、サウジアラビア政府がチャーターした自家用ジェット機でヨーロッパに脱出している。この事実を報じた『The New Yorker』誌や『National Review』誌によると、ビンラディン一族は事情聴取も受けず、FBIはすぐに出国許可を出したという。

このような背景を考えて、再度、大統領選挙の直前に公開されたビンラディン容疑者によるビデオ声明を振り返ってみよう。ブッシュ大統領は、必死にテロの脅威を訴え、イラク戦争を正当化しようとしてきた。だが、9・11テロとイラク戦争との間に関連性はなかった。だからこそ、目の前に迫るテロの脅威に対して、断固として立ち向かう姿勢をアメリカ市民に示すことは選挙戦を勝ち抜くためには重要なファクターだったのだ。

そして、ブッシュ大統領による外交政策自体がテロの脅威を誘発させていると見た対立勢力に対して、「テロの脅威は本物で、迅速な対応が必要」なことが示せれば、これ以上に強いサポートはない。

そこで、悪役を演じる羽目になったビンラディン容疑者が、米当局の意向を受けて、絶妙のタイミングでビデオ声明を出してきた可能性が考えられる。

このような形で、選挙直前のビンラディン声明は、結果的にブッシュ大統領の再選を後押しすることになった。しかし、ブッシュ大統領の選挙戦略はそれだけではなかった。さらに大掛かりな必勝策が水面下で進んでいたかもしれない——。

選挙妨害と〝意図的なミス〟があった2000年の大統領選挙

ご存じのように、2004年の大統領選挙では、オハイオ州での大接戦を制して現職のブッシュ大統領が再選を果たした。ケリー候補は、ブッシュ大統領が起こしたイラク戦争に厳しい視線を注ぐ人の多い都市部で順調に票を伸ばしたが、ブッシュ大統領は南部の保守層やキリスト教福音派による票を確実に積み重ねていった。

以上が大半のマスコミによる解説であった。しかし、実のところ、それでは正確さに欠け、事の真相を説明できていない。

2000年の大統領選挙を振り返ってみると、大接戦となったフロリダ州では、次のような問題と不祥事が発生していた。民主党の牙城と言われたパームビーチ郡では、パンチカード式投票用紙が紛らわしく、間違えて候補者を選んでしまう人々が続出。大半がゴア票とみられる2万票前後が無効票になった。

また、民主党支持者の多い黒人居住区では、投票所までの道路が封鎖されたり、投票所までたどりつけても、犯罪者と名前が同一・類似しているとか、事前に不在者投票を行っているなど、あらぬ疑いを掛けられ、投票すらできなかった人々が6万人は出たのだ。

このように、民主党支持者の多い地区で行われた、州当局による大規模な選挙妨害と不手際により、アル・ゴア候補は8万票あまりを無駄にした。

この状況に怒りを露わにした有権者たちは、プラカードを持って選挙のやり直しを要求するデモを起こした。フロリダの州知事はブッシュ候補の実弟ジェブ・ブッシュ氏が務めていたことから、共和党寄りの州当局によって計画的な妨害が行われたことは明らかだった。

当初、地元テレビ局を中心としたマスコミは、この問題をニュースで正確に報道していたが、しばらくすると、「再投票」ではなく、「再集計」を求めたデモであるとすり替えた報道が行われ、真実が歪められて世界中に伝わっていった。

実際のところ、票の集計に関しては法廷闘争にも発展したが、得票差が僅かであったことから、焦点となったのは「再投票」ではなく、「再集計」であった。そのため、そもそも投票できなかった人々や、集計もされなかった票のことが考慮されることはなかったわけである。

そして、最高裁判所の判事に共和党系が多かったことが影響して、再集計も完全に終わらぬうちに、僅か数百票の得票差でブッシュ候補がフロリダ州を制して大統領に確定したのだった。

国連の選挙監視団もあきれた大統領選挙のひどい実態

２００４年の大統領選挙においても同様の不正が行われる可能性があり、民主党陣営はそれを防ぐ対策を考えた。そこで、民主党の下院議員９人が国連のアナン事務総長に対して、国連が選挙監視団をアメリカに派遣してほしいと頼んだ。

その９人は、特に不正行為のターゲットとされた黒人やヒスパニック系を代表する議員たちであった。そして、旧ソ連諸国などの選挙を監視してきた全欧安保協力機構（ＯＳＣＥ）は約１００人を２００４年のアメリカ大統領選挙に派遣した。

また、オハイオ州やフロリダ州のような激戦州では、何か問題が生じればすぐに訴訟を起こせるよう、両陣営ともに数千人の弁護士たちを待機させた。そればかりではない。司法省も25州86郡の投票所に、前回のほぼ3倍に当たる１０９０人の公的な監視員を派遣した。

先進国であるアメリカが、選挙監視団の派遣を国連に求めるというのも何とも恥ずかしい限りであるが、このように厳重な警戒のもとに２００４年の大統領選挙が行われ、本来ならば不正は生じるはずはなかった。

ところが、である。現実は、２０００年の大統領選挙時をはるかに上回る不正行為が蔓延《はびこ》ることになった。

インターファックス通信によると、全欧安保協力機構（ＯＳＣＥ）の一人としてロシアから派遣された議院法学者のアレクセイ・オストロフスキ氏は、２００４年のアメリカ大統領選挙の実態を目の当たりにして、大変なショックを受けたという。そして、電話インタビューで次のように発言した。

「私の意見では、選挙結果が操作された可能性があり、その可能性は、著しい選挙法違反から来ている」

そもそもオストロフスキ氏は、アメリカ市民が投票所に来る際、まったくID（身分証明書）を提示しないという事実にショックを受けたという。「これでは、〝私はミスター・スミスです〟とただ名乗るだけで、投票が許されるようなものだ。同じ人物がある投票所から退出して、また別の投票所に行って、同じ手続きで再び投票できてしまう」

つまり、多くの投票所では、自分の名前を名乗り、その名前が有権登録者リストに確認されれば、それだけで投票が許されていたようなのである。

さらに、テレビ局大手のMSNBCによると、オハイオ州ウォーレン郡の集計所では、投票日の夜、テロ対策という名目で選挙監視団を締め出し、密室の中で開票作業が行われた。デンマーク他ヨーロッパから来た選挙監視団は、オハイオ州やフロリダ州の激戦区で見学を拒否される事態を体験し、先進国であるはずのアメリカの選挙システムに懸念を表明した。

2004年の大統領選挙で採用された電子投票システムも問題だらけ

2000年の選挙の際、フロリダ州でのパンチカード式投票用紙が紛らわしく、間違えて候補者を選んでしまう人々が多く出た問題もあり、再発を防ぐため、２００４年の大統領選挙においては、タッチスクリーン方式の電子投票システムが多くの地区で採用されることになった。

しかし、電子投票システムは様々な問題を抱えたものであった。

例えば、
（1）ほとんどの場合、物理的な記録が手元に残らず再集計ができない
（2）機械の故障により、データが消える可能性がある
（3）誤動作により不正確な数値が弾き出されてしまう可能性がある
（4）集計システムがどのようにプログラムされているか不透明である
などが挙げられる。

実際、過去の選挙において、（2）と（3）の問題が発生したことは報告されている。また、２００４年11月4日、フロリダ州フォートローダデール発のＡＰ通信によると、２００４年の大統領選挙で採用された電子投票においても、トラブルや苦情が１１００件ほど民間の選挙監視団体に報告されているという。

6州の計32人からは、候補者を確認する段階で、選んだのとは別の候補者が画面に現れたとの連絡があった。フロリダ州クリアウォーターに住むロバータ・ハーベイさん（57）は、ケリー

氏に投票するまでに6回以上、時間にして10分ほど、投票機の操作をやり直したと報告した。投票所のスタッフが濡れティッシュで投票機の画面をふき、指ではなく消しゴム付き鉛筆の消しゴム部分で画面に触れることで、やっとケリー氏に投票することができたという。

不思議なことに、このようなトラブルは、ケリー候補に投票しようとした民主党支持者ばかりが体験したという。つまり、最後の確認画面で別の候補者が現れていたことに気付かなかった場合、自分の意に反してブッシュ大統領を選んでしまった人も相当数出ていたと推測されるのだ。

さらに、MSNBCの番組『カウントダウン』によると、フロリダ州では、圧倒的に民主党地盤であるいくつもの郡で、奇妙にもブッシュ票がケリー票を数倍も上回った事実が報じられている。例えば、ベーカー郡ではブッシュ7738票・ケリー2180票、ホルムズ郡ではブッシュ6410票・ケリー1810票、ディクシー郡ではブッシュ4433票・ケリー1959票、ラファイエット郡ではブッシュ2460票・ケリー845票、リバティー郡ではブッシュ1927票・ケリー1070票といった具合だ。

さらに、ジャーナリストのグループが運営しているConsortiumNews.comによると、フロリダ州の47郡では、有権者登録された共和党支持者の数よりも多くブッシュ票が入っていたとか。

ブッシュ大統領に対してだけ有利に投票機や集計機が誤作動する可能性はきわめて低い。そのため、得票操作が行われたと疑われ、会計監査院（GAO）に再調査が委《ゆだ》ねられた。

投票機メーカーと共和党陣営との密約

ところで、このような電子投票機を製造する企業には、ディーボルド社、ES&S社、セコイア社などがあるが、最大のシェアを誇るのがディーボルド社である。

プログラムの専門家たちが、ディーボルド社の作った集計システムのソース・コードを調べたところ、セキュリティーに大きな欠陥があり、「最悪」とも言えるプログラムであることが判明した。ハッカーによる攻撃など、セキュリティー対策がほとんど施されていないばかりか、得票操作が可能で貧弱なプログラムとなっていたのだ。

そうした指摘を受けて、ディーボルド社はプログラムの修正に対応したが、どのように修正したのか、その後の公開は拒否した。

問題はそれだけではなかった。本社をオハイオ州に持つディーボルド社の最高経営責任者（C

EO）ウォルデン・オデル氏は、「2004年の大統領選挙において、オハイオ州ではブッシュ大統領に勝たせるようにする」という趣旨の文書を共和党陣営に送っていたことが暴露されたのだ。

これは、共和党寄りのディーボルド社が、明らかに得票操作を予定していたことを示すものであった。

これを受けて、オハイオ州では、電子投票システムの導入を疑問視する声が挙がり、大半の郡ではこれまで通りパンチカード式投票機が利用されることになったが、全米で約3割の投票所が電子投票システムを採用したため、得票操作に対する疑念は解消されたわけではなかった。

そして、2004年の選挙で大接戦が繰り広げられたのがオハイオ州であった。ブッシュ大統領とケリー候補の得票差は約13万6000票で、開票されていない暫定票が約17万5000票あったという。しかし、暫定票の大半をケリー候補が獲得できた可能性が不明であり、ケリー候補は開票前の時点で敗北宣言を行った。

実のところ、早々に決断をしたケリー候補の潔《いさぎよ》さも当然であった。オハイオ州のボブ・タフト知事は共和党員であり、ブラックウェル州務長官はブッシュ・チェイニー選挙キャンペーンの共同議長を務めた人物である。

さらに最高裁判所の判事たちも大半が共和党系であるため、どのように訴訟を起こしても、民主党に勝ち目はないのだという。訴訟を起こすことで、アメリカ市民にネガティブな印象を与えることにもなり、のちの政治家生命を考えれば、当然の選択であったのだ。

ところが、大統領選挙を終えて数日たつと、ケリー候補の敗北宣言は早すぎたという声も挙がり始めた。というのも、オハイオ州では、新たに9万2000票あまりが集計されていなかったことが判明し、暫定票の多くはケリー票であったこともわかってきたのだ。つまり、ケリー氏が逆転勝利する可能性が十分あったのだ。

大量の票が廃棄されていた?

オハイオ州では、2000年には共和党が接戦を制した過去がある。また、大半の郡では従来のパンチカード式投票機が採用された。その点で、ディーボルド社による得票操作が行われた可能性を見極めるのは難しい。しかし、得票操作は別の方法で行われていた可能性があるという。

すなわち、2004年11月3日の時点で、オハイオ州では票が大量に破棄された事実が報告されているのだ。この事件は、最初インターネット上の掲示板で報告されたものだが、知人のジャーナリストに確認を求めたところ、次のような情報確認及び写真提供を受けた。

シンシナティでケリー候補の選挙マネージャーを務めていたステファン・スカーツ氏は、ケリー候補寄りのマイノリティーや学生たちの多い選挙区を担当していた。彼の仕事の一つは、投票箱と票の詰まったたくさんのバッグが集計所に届けられるのを確認することで、選挙スタッフの乗った車を追いかけていた。

ところが、その車は直接集計所に向かわず、近所の公立学校に行った。そこで、票の詰まったバッグは何者かに手渡されたという。

そのとき、スカーツ氏が不審に思ったのは、票の詰まったバッグの受け渡しに際して、何の署名も交わされなかったことだ。そして、そのバッグは40以上もの投票所の票とともにピックアップ・トラックに乗せられた（次ページ写真参照）。

スカーツ氏はさらにその車を追いかけて、集計所の駐車場に入っていくのを確認したが、その後、票の入ったバッグが本部に届けられることなく、いつの間にか消えてしまったという。もう一つスカーツ氏が気付いたのは、そのピックアップ・トラックには、「２００４年ブッシュ・チェイニー」のステッカーが貼られていたことであった。

票の詰まったバッグを乗せたピックアップ・トラック。このあと、集計所本部まで届けられることはなかった。

このような票の廃棄は全米各地で行われているとジャーナリストのグレッグ・パラスト氏は言う。例えば、2000年の選挙のとき、ニューメキシコ州のリオ・アリバ郡では、すべての票が廃棄されたとある政治家から教えられたという。

有権登録者リストからの抹消も不正選挙の常套手段

票の廃棄処分以外に、得票操作で最もポピュラーな方法は、有権登録者リストからの抹消である。つまり、有権者登録を済ませている人が、いざ投票所に行ってみると、名前がリストに載っていないと言われて、投票を拒否されたり、暫定票扱いでの投票となる場合である。

映画『華氏９１１』の監督、マイケル・ムーア氏は、２００4年の大統領選挙で独自に選挙監視団を派遣し、黒人居住区において有権者が差別、威圧、そして投票妨害されていた場面をビデオカメラに収めている。そのビデオ映像に収められた者たちは、皆有権者登録を行っていたにもかかわらず、リストに名前が存在しないとして、暫定票扱いにされたり、投票できなかったと訴えていた。

ムーア氏はこの映像を次回作で使用するつもりはなく、不正選挙の実態を訴える市民団体に提供するという。

ジャーナリストのグレッグ・パラスト氏によれば、共和党委員会が発表した計画を実行していたとすると、激戦となったオハイオ州では3万５０００人の投票が阻止されたはずであるという。また、南部の市民監視団体デモクラシー・サウスによれば、投票日の約1ヶ月前に締め切られる有権者登録において、民主党を強く支持する傾向のある黒人たちは、白人の3倍の人が拒否されたという。

さらに、オハイオ州の、黒人やマイノリティーが多く住む地区の投票所では、異例に少ない数の投票機が設けられ、長蛇の列ができた。投票まで5時間も待たされた有権者たちもいたという。これなども、投票をあきらめる人々が現れることを期待して、共和党寄りの州当局が行った妨害工作であったのではないか。

そのようなこともあり、オハイオ州では、共和党陣営による一連の不正行為に怒った市民たちが立ち上がり、州議会前でデモを行った。

2004年の大統領選挙における不正得票操作に関しては、大手MSNBCをはじめ、様々なニュース・メディアが続々と報道し、抗議運動が一時は全米に広がる様相を見せていた。ハーバード大学では、選挙翌日から「またしてもブッシュ大統領が国を盗んだ」などと叫ぶ抗議活動が始まった。

コロラド州の高校ではブッシュ再選に怒った生徒が校内を占拠した。サンフランシスコでは、選挙翌日におよそ2000人がブッシュ再選に抗議し、57人が逮捕された。シアトルでも同じようなことが起こった。

また、今回の大統領選に出馬したラルフ・ネーダー氏も、オハイオ州、フロリダ州、ニューハンプシャー州、ノースカロライナ州での電子投票の集計監査を要求した。さらに、疑惑を耳にした下院議員たちは会計検査院（GAO）に2004年の大統領選挙の調査を依頼した。

もし、電子投票システムでの得票操作に加えて、票の破棄や有権登録者リストからの抹消といった選挙妨害が行われていたとすると、どのような選挙結果となるかは、初めからわかっていたことになる。

なぜ出口調査結果と実際の投票結果がこれほど異なるのか

多くのアメリカ市民は、自分たちが支持する政党や候補者の名前が書かれたステッカーを車に貼り付けたり、庭にサインを立てたりして、自信を持って意志表示を行う。そのようなこともあって、通常、投票直後に行われる出口調査をもとにした結果予測は、実際の結果とほとんど狂いがないと言われている。

ところが、2000年の大統領選挙と2004年の大統領選挙は例外的で、出口調査と投票結果があまりにもかけ離れていた。このことは、2004年11月4日付のワシントン・ポスト紙でも報じられている。出口調査から、オハイオ州を含めた多くの州でケリー候補が優勢であったことは、メディアを通じて事前に伝えられていた。

例えば、CNNがフロリダ州で行った出口調査によれば、最終的にブッシュ大統領は535

5票ケリー候補を上回るという予測であったが、結果は約37万7000票上回るものであった。

また、ウィスコンシン州での出口調査では、ケリー候補が7％以上ブッシュ大統領に勝《まさ》っていたが、実際の結果は、実に7％も異なり、わずか0・4％差でブッシュ大統領を退けたのであった。

さらに、ニューメキシコ州での出口調査では、ケリー候補が3・8％ブッシュ大統領を上回っていたが、実際の結果は、ブッシュ大統領が逆転して、1・1％ケリー候補を上回るというものだった。

同様に、ミネソタ州では5％、ミシガン州でも5％、出口調査と実際の投票結果との差が現れ、いずれもブッシュ大統領が結果的に高い数値を得た。そして、アメリカのすべての州で調査が行われた結果、ケリー候補が結果的に高い数値を得た州はほとんど存在しなかったのである。

なぜ出口調査の結果と、実際の投票結果に著しい違いが現れるのか？　ワシントン・ポスト紙では、時間帯によって、投票した人々の性別、年齢層に偏りが出た可能性が指摘されていたが、ウィスコンシン州のように7％という大きな狂いが出たことは、簡単に説明できるものではない。

すでに触れたように、電子投票による得票操作、票の廃棄、そして有権登録者リストからの抹消という可能性しか考えられないとグレッグ・パラスト氏は分析している。

フロリダ州では不正な選挙権剥奪が行われていた！

特に疑いがかけられるのは、電子投票システムを比較的多く採用してブッシュ大統領が勝利した、大都市を抱える州になろう。そのような条件で考えたとき、思い当たる州はフロリダである。

そもそもフロリダ州は、マイアミのような大都市を抱え、黒人有権者も多いことから、民主党に有利な地盤である。共和党は、中流階級に有利な税制を採用し、富裕層が優先的に医療を受けられる権利を保護して、はなから健康保険制度の導入などは考えない。普通ならば、一般庶民や貧困層にとっては、リベラルで国内問題を重要視する民主党の方が魅力的に映るはずである。

さらに、２０００年の大統領選挙で苦い体験をしたフロリダの有権者たちは、２００４年の大統領選挙では、確実に自分の票が集計されるよう強い意気込みをもって投票にのぞんでいた。

選挙当日になって問題が発生しないよう、有権者の5分の1に相当する200万人ほどが期日前投票を行った。

また、投票率も格段に上がり、選挙当日の天候も良好であったため、多くの浮動票が民主党に流れると予測されていた。もちろん、共和党陣営も積極的な選挙キャンペーンを展開したが、フロリダでは民主党有利と考えるのが自然であった。

ところが、フロリダ州では予想外に5％以上の差をつけてブッシュ大統領がケリー候補を下した。一般的には、ケリー候補のテロ対策の姿勢があいまいであったことや、ジェブ・ブッシュ州知事の人気がブッシュ票を稼いだと言われている。また、反カストロの立場をとる共和党を支持するヒスパニック系からの得票も大きかったとされる。

しかし、それにしてもなぜ接戦にさえならなかったのか？　予想外にフロリダでケリー票が伸びなかった理由は、電子投票システムによる疑惑だけではない。2000年の大統領選のときと同様に、黒人の投票権を剥奪する活動が熱心に行われたからであるとも言われている。

マイアミ・ヘラルド紙は、選挙権を回復した2100人が、いまなお犯罪者（選挙権剥奪者）リストに掲載されていることを発見した。また、サラソータ・ヘラルド・トリビューン紙によると、4万7000人以上の誤った犯罪者リストが作成され、その中で、共和党を支持する傾向の強いヒスパニック系はわずか61人であったのに対して、残りの大部分は民主党支持の傾向が強い無実の黒人たちであったことを突き止めた。

それに対し、フロリダ州政府は単純ミスと説明したが、その後、どのように訂正されたのかは明らかとなっていない。

このように不当に選挙権を剥奪された黒人たちはフロリダ州だけで2、3万人に及ぶとされ、投票所を訪れても、犯罪者リストに名前があることを理由に、投票を拒否されたりしたのだ。

カナダ移住を考え始めたアメリカの人々

日本のメディアを通じて知る限り、平穏無事に選挙は行われたように見えた2004年の大統領選であったが、以上で見てきたように、その背後では、様々な不正行為が行われてきた可能性がある。ケリー民主党陣営は、2004年の選挙に用立てた資金がまだ5000万ドルも残っていたが、不思議なことに、まったくといってよいほど不正行為の追及に動こうとはしなかった。

「米大統領選とは、民主主義を演出するための壮大なショーである」と私は言い続けてきたが、

2004年の大統領選もそれを物語るような幕切れとなった。共和党陣営による不正行為をケリー氏が裁判に訴えていれば、ケリー氏は勝っていたかもしれない。しかし、ケリー氏はそれを行わなかった。

クリントン前大統領ら民主党主流派は、2004年の大統領選挙にあえて負ける候補を立て、2008年の大統領選挙でヒラリー・クリントン氏を女性初の大統領として当選させるつもりでいる、という説もある。つまり、ここでケリー氏に勝たせる必要はなかったというのだ。それが本当なら、2004年の大統領選挙の結果は、共和党、民主党双方にとって、予想通りだったということになろう。

「ケリー氏はもともと保守陣営とのつながりが深く、ブッシュ大統領以上の白人至上主義者である。政策的にもブッシュ大統領と大差ない。やはり2004年の大統領選は出来レースだったのではないか」とする見方が説得力を持つ選挙結果であった。

いずれにしても、このような選挙の〝実態〟を知ると、いつの時代の話かと思えてくる。ここで述べてきた話が本当だとすると、自由と民主主義が誇らしげに叫ばれてきたアメリカで、民主主義の根本である公民権すら保証されていないことになる。まるで南北戦争当時の南軍が共和党、北軍が民主党のように思えてくる。

ところで、アメリカでは州ごとに市民のＩＱ平均値を公表しているが、ＩＱ上位十数州ではものの見事にケリー氏が勝利しており、ＩＱの低い市民がブッシュ大統領に投票したというデータも現れている。そのためか、ケリー氏に投票した多くのアメリカ市民たちの中には、２００４年の選挙結果を「アメリカの恥」とまで認識している人もいるようだ。

２００４年11月5日付の新聞各紙によると、米大統領に再選されたブッシュ氏が米国時間3日に勝利宣言を行って以来、カナダ政府の移民局サイトへのアクセスが急増したという。3日に過去最高のトラフィックを記録し、アメリカ人ユーザーによるアクセスはふだんの6倍に達したとカナダ通信が伝えている。アメリカからのアクセス件数は、合わせて11万５０１６件で、同日に記録したアクセス数全体の64％となった。

市民及び移民局の当局者がカナダ通信に語ったところでは、最もよく見られたページは、熟練労働者向けのオンライン自己評価フォームだった。ブッシュ大統領の再選に幻滅し、カナダへの移住を検討しているリベラル派アメリカ人によるアクセスだったと推測されている。

アメリカ国外の人間からすれば、２００４年の選挙結果を知り、アメリカ国民はなおもブッシュ大統領を選んだものと解釈するだろう。しかし、現実には、得票操作の影響で民意を反映しない結果であった可能性があるわけで、私たちはアメリカ国民に対して、安易に懐疑の念を持つべきではないだろう。

もちろん、私としても、ケリー氏が勝利することが絶対的に正しいと言いたいわけではないが、アメリカ市民も必死に世の中を変えるべく、２００４年の選挙にのぞみ、近年まれに見る高投票率となったのである。２００４年の結果は、ごく限られた権力者による不正行為が蔓延《はびこ》った結果であるかもしれないわけで、アメリカ市民に対しては我々は同情心を抱いた方がいいのかもしれない。

ブッシュ大統領もケリー氏も同じ秘密結社のメンバー！

２００４年の米大統領選を前に、日米関係者の間では「次の大統領選はスカル・アンド・ボーンズ同士の対決。しょせんどちらが勝っても同じ」とささやかれていた。スカル・アンド・ボーンズ（「ドクロと骨」の意。以下S&B）とは、フリーメーソンの秘密結社「イルミナティ」を模してつくられた、米エール大学に本部を置く秘密結社である。

同大学出身のブッシュ現大統領、民主党のケリー大統領候補は、ともに学生のときにこの組織のメンバーとなり、そのころから将来の大統領職を約束されていた。こんな話を聞くと、普通の市民なら「まるで映画の中の話のようでとうてい信じられない」と思われるかもしれない。しかし、アメリカでは２００４年の大統領選の頃から、メディアでＳ＆Ｂが度々取り上げられるようになり、『ザ・スカルズ～ドクロの誓い』という映画も公開されたのである。

日本でもＴＢＳのドキュメンタリー番組や日本版『ニューズウィーク』誌、『ＧＱ』（男性向けライフスタイル誌）などで取り上げられたので、ご覧になった方もおられるはずである。

エール大学は１７０１年に創設されたアメリカ東部の名門校である。そのキャンパスにウィリアム・ラッセル将軍によってＳ＆Ｂが創設されたのは１８３２年。その後ドイツに留学したラッセルは、そこで接した「イルミナティ」に感銘を受け、Ｓ＆Ｂをアメリカ版「イルミナティ」にしようと考えた。

Ｓ＆Ｂの目的は、国家主義に基づく「新世界秩序」の創造と、アメリカによる世界支配の実現である。その思想の根幹にあるのは、ドイツの哲学者ヘーゲルが提唱した「国家は絶対理性であり、世界を歩む神であり、市民は国家を崇拝するときに初めて自由になる」という世界観である。

Ｓ＆Ｂは、テロや戦争、麻薬、革命などによって既存の社会体制を破壊することが必要だ、という。そして、共産主義への資金提供、革命の推進、ＣＩＡの支配、教育の支配、超国家的組

「スカル・アンド・ボーンズ」の建物。

織を使っての国際金融支配、「平和研究所」や「政策研究所」の支配、共和党と民主党両党のコントロール、超国家的自由市民連合の創設などの目標を掲げ、それらを推進してきた。

事実、ブッシュ現大統領の祖父にあたるプレスコット・ブッシュ氏は、頭取を務めていたユニオン銀行を通じてナチス・ドイツに資金を提供していた。これはFBI文書によって明らかになったことである。

また、1963年当時、「ジョージ・ブッシュ」という名のCIA下級職員が、ケネディ大統領暗殺に関わったことがやはりFBI文書から明らかになった。

もっとも、ブッシュ元大統領（現大統領の父）は「これは自分ではなく同姓同名の別人だ」と言い張ったが。

「スカル・アンド・ボーンズ」は闇の権力とつながっていた

S&Bを取り上げたメディアの中には、「S&Bは入会時にオカルト的な奇妙な儀式があるが、単なる社交クラブである」とするものもある。だが、なぜ単なる社交クラブが「ドクロ」などというオドロオドロしい名を乗り、紋章にドクロを掲げるだろうか。これこそ、血と骨を愛する彼らの本質を象徴しているのではないか。

戦争に反対するアメリカ国民を無理やり太平洋戦争へ引きずりこんだルーズベルト大統領（当時）は、側近をS&Bメンバーで固めていた。また、ブッシュ父子が大統領の任にあるときに、湾岸戦争、9・11テロというアメリカ社会を根底から揺るがす大事件が起こったのは決して偶然ではなく、S&Bの戦略通り、と指摘する専門家も少なくない。

だが、S&Bとて所詮はロスチャイルドの僕《しもべ》に過ぎない。S&Bは、ロスチャイルドの庇護《ひご》の下、アヘン貿易によって巨万の富を築いた商家が築いた結社であり、ニューイングランドを本拠地とする「第一グループ（ワッズワース、ホイットニー、ギルマン等）」と、それより格下の「第二グループ（ハリマン、ロックフェラーなど）」の名門一族によって掌握されている。「第一グループ」の名前を見ても、私たち日本人にはなじみがない。しかし、こうした名門一族が麻薬や戦争や株価暴落で得た巨万の富を背景に、世界の政治と経済に多大な影響力を行使し、アメリカを動かすと言われるロックフェラーでさえ「第二グループ」に追いやっているのである。

彼らから見れば、近年石油で成り上がったブッシュ家などはまだまだ格下というわけだ。

S&Bには、毎年エール大学の成績優秀者15人が入会する。ただし、入会できるのはWASP（プロテスタントを信仰する白人男性）に限られる。

ブッシュ現大統領の場合、その成績の悪さは有名で、当時から「彼は金持ちの息子だからS&Bに入れた」と言われた。学友たちは彼が将来大統領になることを知っていたという。そして予定通り、クリントン大統領がスキャンダルで揺れていた頃、次期大統領となるブッシュ氏への軍事・外交に関する本格的な教育が開始された。

担当したのは元国務長官ジョージ・シュルツ氏。彼は世界中で港湾、橋梁、空港、パイプライン、大規模プラントを建設するベクテル社の社長を務めたこともある。ベクテルがイラク戦争開戦前、すでにイラクの「戦後復興」を受注していたこと、またそのおこぼれにあずかろうと、世界各国の政府関係者や財界関係者が「ベクテル詣で」をしたことはよく知られている。

Ｓ＆Ｂのメンバーは、日米欧三極委員会や外交問題評議会のメンバーであることも多く、長い歴史の中でアメリカ政治に多大な影響力を行使してきた。経済大国へとひた走ってきた日本をバブル崩壊に追いやったのも、彼らの戦略の一つであったと言われている。彼らにとって、ＷＡＳＰ以外が世界の覇者になることは許せない。だから常にアジア諸国をけん制し、その結束を阻止しようとする。

最近、アメリカは世界に展開する米軍の再編成に着手した。その計画を見ると、アメリカが日本を極東の司令塔にしようとしていることがわかる。だが、アメリカの政権を動かすものがいかなる勢力であるかがわかれば、日本が中国や韓国、北朝鮮といがみ合うことがいかに愚かしいかは明らかである。

Ｓ＆Ｂがケネディ暗殺を企てた理由の一つは、「公開処刑」によって自らの力を誇示し、大衆の心にダメージを与え、無力感を植えつけることだったと言われている。実際、その後アメリカ国民は退廃へと突き進んでいった。

だが、彼らが力で大衆を抑えつけようとする心理の裏側には、人々が自立した人間として立ち上がることへの恐怖が隠れている。全体主義を絶対価値とする彼らは、人々が真我に目覚めることを何よりも恐れるのだ。

私たちは無力でちっぽけな存在などでは断じてない。すべての現実は個人の自立、覚醒から変わっていく。だからこそ、皆さんが本当の皆さん自身の人生を生きることが大切なのである。

第3章　緊迫を強める中東とアジア

ブッシュ大統領再選後の国際情勢

ブッシュ大統領は再選後すぐに中東和平に言及した。この発言には、ネオコンとは一線を画し、アメリカ保守本流を中心として「強いアメリカ」を再構築したいとするブッシュ大統領の胸の内がうかがえる。だが皮肉なことに、それから10日もたたないうちに、パレスチナ解放運動のカリスマ的指導者であったアラファト氏が死去し、中東和平はますます遠のこうとしている。そのため、アラファト氏は急進的シオニストたちによって毒殺されたとする説も根強い。

大統領選の前には、これまでブッシュ大統領を全面的に支持してきたキリスト原理主義のカリスマ伝道師パット・ロバートソン氏が、ブッシュ批判を展開した。その発言の裏には、今後も自分たちがブッシュ大統領を操らんとするネオコンたちの意図が見え隠れする。たとえブッシュ大統領が米国保守本流による「強いアメリカ」を目指したとしても、政権が今後もネオコンの圧力を受け続けることは避けられそうもない。

混沌とする世界情勢を受けて、アジア諸国も緊迫の度を深めている。アメリカが「テロとの戦争」を旗印に「力の道」をまい進すればするほど、中国はそれをけん制するように、ロシアやヨーロッパとの連携を強めている。

２００4年10月には胡錦涛《こきんとう》主席とロシアのプーチン大統領が共同声明を発表し、今後両国は軍事的・政治的関係を強化すると宣言した。また、同年10月には、シラク仏大統領が中国での「フランス文化年」のイベントに合わせて訪中し、胡錦涛主席と両国の関係強化を表明した。12月には、シュレーダー独首相も訪中し、中国はユーラシア大陸での地盤固めを着々と進めている。

その一方で、中国は周辺諸国への関与を深め、次々と対立を生み出している。たとえば、北朝鮮との関係についていえば、同国に関して最近「金正日体制批判のビラがまかれた」とか、「実は地下核施設を保有している」といったニュースが流れたが、リークしているのは中国だと言われる。

中国はこれまで北朝鮮を支援し、六ヶ国協議のホスト役として北朝鮮に協議への参加を促すなど、大国としての存在感を国際社会にアピールしてきた。だが、北朝鮮が協議への参加を拒否したり、核開発を否定するなど、中国の面子《メンツ》をつぶすような態度を取り続けることに業を煮やし、金正日体制の揺さぶりに出たと見られる。

日中間の対立も深刻化している。２００4年11月10日、石垣島と宮古島の間の日本領海内を潜水艦が航行しているのが発見され、大野防衛庁長官が自衛隊に海上警備行動を緊急発令するという騒ぎがあったが、その潜水艦が中国籍であることが後に発覚した。日中関係は、東シナ海の資源開発や領土問題をめぐって最近急速に悪化している。こうした対立は、日本がアメリカ寄りの政策を進めれば進めるほど緊迫化するであろう。

日本社会で起こっている残忍な事件も、世界の裏側で起こっている戦争も、ともに人間の心の荒廃が生み出す現象である。その警告として、２００４年日本は中越地震という天災に見舞われ、私たちは否応なく惰性に満ちた3次元的生活から揺り起こされようとしている。

心の荒廃を止められるかどうかは、私たち自身が心を再生できるか否かにかかっている。いかに一人一人が心の中心軸を立て直すことができるか。私たちは今それを問われているのである。

第三次世界大戦の可能性

２００５年1月20日、アメリカではブッシュ大統領の就任式が行われた。就任演説の中でブッシュ大統領は「自由を拡大し、圧制を終焉させる」のがアメリカの役割であると強調した。その後のラジオ演説によると、「自由を拡大」する対象は「拡大中東地域」だという。

ブッシュ大統領の発言を聞く限り、第2期ブッシュ政権は、中東と東アジア（中国、北朝鮮など）の両方ににらみをきかせる「二正面作戦」ではなく、ひとまず中東を優先させることにしたようである。中でもイラク、イラン、シリアがその中心になることは言うまでもない。

アメリカが中東を東アジアよりも優先させた背景には、イラクが「ベトナム化」し、財政、軍備、兵力が逼迫《ひっぱく》しているという事情がある。イラクはいまだに治安回復の目途が立たず、兵士たちも疲弊している。このうえ中国や北朝鮮ににらみをきかそうと思っても、それは物理的に不可能というものである。

また、東アジア戦略を推進するには、日本の自衛隊と韓国軍の全面協力が絶対条件となるが、それを実現するには日本の憲法改正、韓国との同盟関係の強化など、越えなければならないハードルが多い。アメリカとしては、政治的にも軍事的にも、二正面作戦をひとまず見合わせるしか選択肢がないのである。

では、アメリカが中東に集中したとして、中東の混乱は収束に向かうであろうか。答えは否であると言わざるをえない。むしろ、イラク周辺国がアメリカとイスラエルを警戒し、「力の道」による緊張が高まると思われる。すでにそれを予感させる不穏な発言が、チェイニー副大統領の口から飛び出している。

チェイニー副大統領がラジオ番組で「イラン攻撃の火蓋はイスラエルが切って落とす」と語ったのである。この発言は、イランがミサイルを発射した場合、イスラエルが迎撃することを明言したものであるが、これが単なる絵空事でないことは、アメリカとイスラエルがイラクで基地建設を急いでいることから明らかである。

もともとアメリカとイスラエルは、イラクの良質で豊富な石油と、中東での軍事拠点がほしくて、ありもしない「大量破壊兵器」をでっち上げてイラクに侵攻した。そして、石油をまんまと手に入れたら、次は軍事基地を建設し、国境を接するイランを近距離から威嚇《いかく》しようというわけだ。

イランの核施設はロシアの技術移転によってつくられており、油田権益には中国やヨーロッパもからんでいる。もし、アメリカとイスラエルがイランと全面対決することになれば、世界の大国が二つに分かれてにらみ合うことになる。そうなったら、まさにネオコンたちが描いた「第三次世界大戦」を呼び込む事態にもなりかねない。

２００５年2月、ロシアがシリアにミサイルを売却するというニュースが報じられた。ロシアは否定しているが、中東諸国には各国の思惑と権益が複雑にからみ合っている。仮にアメリカとイスラエルが暴走するようなことになれば、「中東大動乱」はますます現実味を帯びてくることになる。

イスラム教徒を挑発したムハンマド風刺画

ムハンマドの風刺画掲載に端を発する争いが世界各地で頻発し、「文明の衝突」が激しくなっている。そもそも、この事件は意図的に「文明の衝突」をあおるかのような出来事から始まった。

ことの発端は昨年9月30日のことである。デンマークの「ユランズ・ポステン」紙に、12人のイラストレーターが描いたムハンマドの風刺画が掲載された。同紙は人口550万人のデンマークで、発行部数15万を誇る同国最大の新聞である。その文化部編集長が、児童文学作家から「ムハンマドとコーランについての本を書き、ムハンマドのイラストを描いてくれるイラストレーターを探した。だが、イスラム教ではムハンマドを肖像化することはタブーなため、三人に断られた。四人目は名前を出さないことを条件に承諾してくれた」という話を聞いた。

そこで、編集長は「表現の自由がイスラム・テロの脅威で制限されているかどうかテストする」ことを目的として、40人のイラストレーターにムハンマドの漫画を描いてくれるよう依頼した。そのうち12人が承諾したという。それを9月30日に掲載したのである。

掲載されたイラストは、ムハンマドを犯罪や自爆テロと結びつけるようなものが多く、着火された爆弾を手にしたムハンマドや、ムハンマドが雲の上で自爆テロリストを迎えるものがある。しかも、雲の上のムハンマドは、「もう天国には処女が品切れだ」と言っている。これは、自爆テロで命を落とした男性は、天国で処女に迎えられるという、一部のイスラム教徒の間で信じられている俗説を風刺したものである。

デンマークには20万人のイスラム教徒がいる。風刺画が掲載された後、ユランズ・ポステン紙には謝罪を求めるイスラム教住民の抗議デモがあり、二人のイラストレーターが命の危険を感じて姿を隠した。同紙は、「表現の自由がイスラム・テロの脅威で制限されていることが証明された」と言うが、西欧の小国で始まったこの騒動は、その後世界各地で死者を出す暴動に発展し、いまだ沈静化する気配はない。

ヒンドゥー教徒が全国民の82％を占めるインドでも、イスラム教徒が多数居住している北部のウッタルプラデーシュ州で、イスラム教の宗教裁判所が、ムハンマド風刺画の作者に死刑宣告を下した。この判決は、同州政府の閣僚が「風刺画作者殺害に約13億５０００万円の懸賞金を出す」と発言し、物議をかもしていた矢先に出たこともあり、インドのイスラム教徒を扇動しかねないものである。

インドの隣に位置し、イスラム教を国教とするパキスタンでも、保守派の6党が結束して、国民に抗議行動に加わるよう呼びかけた。その指導者は「これはブッシュ大統領が導いた『文明の衝突』の一部だ」と声を荒げ、反テロでアメリカと歩調を合わせるムシャラフ大統領をも批判した。

東南アジアでは、イスラム教、キリスト教、ヒンドゥー教、仏教など、様々な宗教の教徒が暮らしている。インドやパキスタンでの抗議行動の広がりは、東南アジア諸国のイスラム教徒に飛び火しないとも限らない。インドネシア、タイ、マレーシアなどの政府は、動向を注意深く見守っている。

騒動はユーラシア大陸のみならず、アフリカ大陸にも広がっている。西アフリカのナイジェリアでは、イスラム教徒がキリスト教の教会などを焼き討ちし、16人の死者を出した。死者の大半はキリスト教徒で、司祭や子どもが犠牲になったという。

イスラム教徒への反発が高まるヨーロッパ

一方で、イスラム教徒の抗議行動への反発も激しくなっている。イタリアでは、右派の閣僚が、ムハンマドの風刺画をプリントしたTシャツを着てテレビのニュース番組に出演し、イスラム教徒を批判した。

同閣僚は、これまでもイスラム教徒への批判を繰り返しており、この一件でリビアのイタリア領事館にイスラム教徒が押しかけるなど、騒動がさらに大きくなった。同閣僚は結局、テレビ出演から一ヶ月もしないうちに、辞任に追い込まれた。

問題の発端となったデンマークでは、2005年2月上旬に行われた世論調査で、移民排斥《はいせき》を掲げるデンマーク国民党の支持率が前月に比べて3・6ポイント上昇し、イスラム教徒への反感が強まっている。同国では警察がテロへの警戒を強め、イスラム教徒が経営する店舗の売上も落ちているという。

デンマークのラムンセン首相は、米CNNニュースで「イラン、シリアを含め、自分自身の問題から国際社会の関心をそらそうとして、この状況を利用しようとしている国がある」と発言した。これに反発するように、イランでは、ある新聞社がホロコーストに関する漫画コンテストを企画している。米ライス国務長官は、イランの新聞社のこの企画に対して、「ホロコースト風刺は報道の自由を超えた政治問題だ」との見解を示した。

同じ頃、オーストラリアでは、ホロコーストを研究する著名なイギリス人歴史研究家が、ホロコーストを否定した罪で、禁固3年の実刑を言い渡された。その歴史研究家は、犠牲者の数やガス室の処刑などについて長い間検証を続け、ホロコーストが神話として意図的に誇張されている、と主張していた。同じような意見は他の研究家からも出ていたが、同研究家は2004年11月にオーストラリアを訪れた際、当局に逮捕されていた。

ムハンマドの風刺については「表現の自由」として許され、ホロコーストについては許されない、ということになれば、イランやイスラム教徒が黙っているはずがない。デンマークで教科書を出版しているギルゲルダル社は、ユランズ・ポステン紙に掲載されたムハンマドの風刺画12枚を、教科書に掲載する方針を明らかにした。

また、ユランズ・ポステン紙は「表現の自由」を守ったとして、デンマーク国内の報道機関に授与される「ビクトル賞」に選ばれた。こうした動きが、イスラム教徒をさらに刺激し、挑発することは避けられないであろう。

アジアにおいても、日本、中国、韓国が、歴史認識やエネルギー開発、領土問題でつばぜりあいを繰り広げ、その対立はスポーツにまで及んでいる。それぞれの国が自国の正当性や主張を曲げず、国益ばかりを重んじれば、やがて互いに不幸な結末を迎える。

国家の威信や民族の誇りも大事だが、その威信や誇りを互いに認め合い、尊重し合うことが、それぞれの国の繁栄を守ることになるのではないだろうか。

仏暴動を煽ったサルコジ内相

２００５年10月27日、フランスのパリ郊外にある低所得者向け公営アパートが密集するスラム街で、暴動が起こった。きっかけは、アフリカ系の少年二人が警官に追われて変電所に逃げ込み、感電死したことだった。その後、暴動はパリ郊外の貧民街からマルセイユなど各地に飛び火し、11月5日から6日にかけて、ついにパリ中心部にまで波及した。この日だけでも、放火された車両は１２９５台、逮捕者は３１２人にも及び、フランス政府は11月8日、非常事態宣言を発令した。

暴動はマルセイユやレンヌなど7都市のほか、ナント（西部）、ボルドー（南西部）、イブルー（北部）など、仏全土に広がった。

フランスでは、１９６０年代から、高度成長のための労働力として、アルジェリア、チュニジア、モロッコなど、北アフリカの旧仏植民地からアラブ系、アフリカ系移民を積極的に受け入れ、主要都市の郊外に低家賃の住宅を用意するなど、手厚い政策をとってきた。

その一方で、例えば、イスラム教女生徒たちのスカーフを禁止したことに象徴されるように、白人以外の文化を排斥したり、移民たちに「きつい」「汚い」「危険」な仕事を押しつけるなどの差別的待遇をとってきた。そのため、移民たちの暴動はフランスでは決して珍しいことではない。

だが、今回のように、同時多発的に各地に飛び火することはなかった。

今回、若者たちの怒りに火をつけたのは、サルコジ内相の「暴徒は社会のクズ」「放水で一掃せよ」との発言だった。この発言により、そうでなくても移民に対する融和政策の切り捨てに業を煮やしていた移民、特に全仏で５００万人いると言われるイスラム系住民の怒りが爆発したのだ。

若者らはサルコジ内相の辞任を求めたが、サルコジは強気を崩さず、フランス政府も辞職に触れることはなかった。そのため、識者の間では「国家権力の最高責任者であるはずのサルコジこそが、若者を扇動している」との批判が挙がったが、この指摘は実に的を射ている。

サルコジ内相の発言について、ハンガリーのブダペスト通信は、「サルコジはユダヤ人でシオニスト・ユダヤである。サルコジは、フランス内でのイスラム勢力とフランス政府との衝突を意図的に挑発している。ユダヤ勢力をバックにしているサルコジは、シラク大統領にも解任できない」と伝えている。

暴動は周辺のドイツやベルギーにも飛び火しかねない。つまり、サルコジ内相は、「文明の衝突」を煽るシオニスト・ユダヤの忠実なる実行部隊として、フランス及びヨーロッパを混乱に陥れようとしている、という見方が出ているのである。

こうした「文明の衝突」現象は、イラク戦争後、世界各地で顕著になっている。仏暴動が勃発する前日、２００５年10月26日には、イランのアフマディネジャド大統領が、テヘランでの反イスラエル集会で、「シオニズムのない社会」と題した演説を行い、「世界の傲慢な勢力が自らを拡大する基地として、イスラム世界の中心地にイスラエルをつくりあげた」「パレスチナの地で何百年も続く戦争の結果は明らかだ」と述べた。そして、「イスラエルは地図の上から抹消されなければならない」とも発言した。

これに対して、イスラエルのシャロン首相は、翌日ただちに声明を発表し、「ほかの国の抹殺を呼びかけるような国家が国連にとどまることは許されない」としてイランの国連追放を要求。米国務省、ＥＵ各国首脳もアフマディネジャド大統領の発言を非難した。

だが、アフマディネジャド大統領は10月28日、テヘランでの反イスラエル大規模デモに出席し、「発言が正しければ、反応を引き起こすのは当然だ」と述べ、さらには「欧米は、全世界が彼らに従うべきだと考えている。彼らはパレスチナの家族を粉々にし、誰にも文句を言わせないつもりだ」と応酬した。

イラン国営テレビによると、このデモは毎年行われ、この日も全国で100万人以上が参加。テヘランでは、大統領のほか、政府要人らも「イスラエルに死を」「アメリカに死を」と訴えるデモに加わったという。

フランスでの暴動は、アフマディネジャドが「イスラエルを地図から抹消すべき」と発言した翌日に起こっている。ヨーロッパでは、ネオコンに引きずられる格好で開戦したイラク戦争への反発が根強く、反ユダヤ主義の機運が、イスラム系住民に限らず、一般市民の間にも高まりつつあった。アフマディネジャドの発言は、そのような機運と同調し、一気に若者たちの怒りを焚きつけたと言えよう。

イランの挑発を歓迎するシオニスト右派

このところイランをめぐる状況が緊迫している。２００６年春には、イラン原子力庁長官が、イラン中部のウラン濃縮施設で、遠心分離機10基にウラン注入を行ったことを明らかにした。長官は、今回実施した作業は研究レベルだと強調したが、折しもイランの核問題をめぐって欧米各国が揺れているときだけに、イランの行為はあたかも国際社会を挑発しているかのようにも見える。

２００５年６月のイラン総選挙でアフマディネジャドが大統領に就任してからというもの、イランの強硬姿勢はとどまるところを知らない。アフマディネジャド大統領は、これまで「イスラエルを地図上から消し去るべきだ」「西欧がホロコーストという神話をつくりあげた。ホロコーストなどなかった」「シャロン・イスラエル首相の死を望む」など、過激な発言を繰り返し、欧米諸国から批判を浴びてきた。

だが、彼の過激な発言を最も歓迎しているのは、シオニスト右派であろう。イスラエルでは、健康を害して政界から引退したシャロン首相に代わって、強硬派のネタニヤフが復活を遂げ、周辺諸国との対立を深めている（現在の首相はオルメルト）。

２００６年１月には、イスラエル国防相が「イランの核阻止に向けた外交努力が不調に終わった場合には、イスラエル自身を守るため、イランを攻撃する」と表明した。シオニスト右派にとって、中東大動乱を起こし、ハルマゲドンを呼び込むことは悲願である。アフマディネジャドは、そのためにまんまと利用されていると言えよう。

そもそもアフマディネジャドが大統領に就任したことからして、予想外の展開であった。彼は大学教授、州知事を経て、テヘラン市長から大統領に転じたが、若い頃から大衆運動に粉骨《ふんこつ》砕身《さいしん》し、特権階級が核となっていた保守陣営とは一線を画していた。

彼の信条は「清貧」であり、市長時代には豪華な公邸を市民クラブの施設として開放し、「私は今も大学で教鞭をとっており、生活していくには十分」と言って給与も市当局に返上していた。そのような厳格なイスラム原理主義者としての彼の生きざまが、失業率15%という経済状況を背景に、低所得者層や労働者階級の心を揺さぶり、彼を大統領に押し上げたと言われる。

だが、この圧勝は彼ですら予想していなかった。そして、彼は大統領になったとたん、選挙用に掲げたイスラム原理主義者としての主張を政策として実現しなければならない、という課題を突きつけられたのである。彼の発言が時を追って過激になっているのは、そうでもしなければ、狂信的なイスラム原理主義者に暗殺されかねない状況に彼が置かれているからにほかならない。その危ういバランスをうまく利用し、自らの野望に取り込んでいるのがシオニスト右派である。

ロシア・中国vsアメリカ

パレスチナでは2006年1月、イスラム原理主義組織ハマスが評議会選挙に圧勝し、第一党に躍り出た。イスラエルはこれに不快感を示し、パレスチナへの関税の支払いを停止するという実力行使に出た。イスラエルはパレスチナの代理で関税を徴収し、パレスチナに支払っているのだが、それを停止してしまったのだ。その額は毎月4500万ドル（約52億2000万円）にも上る。

パレスチナ政府は2月初旬、公務員への給与支払いが遅れるとの緊急声明を発表した。イスラエルによる支払い停止措置はその後解除されたが、このような締めつけは、反イスラエルで同調するハマスとイランの結束を強化し、彼らと彼らに同調するほかのイスラム諸国を暴発させる格好の材料となる。

イランの隣国イラクもイランに接近している。イランはイスラム教シーア派を国教としているが、イラク・シーア派のカリスマ指導者サドル師がテヘランを訪れ、「イランが攻撃されるようなことがあれば、全力で支援する」と述べたのである。サドル師は、反米強硬派として民兵組織を率いて大規模な戦闘をしかけ、これまでさんざん米軍を悩ませてきた。

イランとイラクのシーア派が連帯することになれば、中東大動乱へのカウントダウンがまた進み、多大な費用と人員を中東に注いできたアメリカにとっては大打撃となる。さらにブッシュ政権にとって懸念されるのは、ロシアや中国がイランと深い結びつきを持ち、イラン包囲網が築けないことである。

２００６年2月上旬、ロシア政府は、「昨年12月、新型の短射程対空ミサイル29基をイランに売却する契約を締結した」と発表した。同ミサイルはステルス戦闘機や巡航ミサイルの迎撃能力を持つ。契約額は7億ドル（約８３０億円）。近く提供が開始されるという。

タス通信によれば、同ミサイルはテヘランのほか、ロシアの支援で原発建設が行われている南部のブシェールや、工業地帯などにも配備されるようだ。

この発表と同じ頃、英サンデー・テレグラフ紙は、アメリカがイランの核兵器保有を防ぐため、同国の核関連施設への軍事攻撃に向けて準備を進めていると報じた。外交交渉が失敗した場合に備えた〝最後の手段〟として、国防総省が空爆を中心とした具体的計画を立案しているというのである。ロシアのイランへのミサイル売却がこの計画に拍車をかけることは必至であろう。

一方、中国は、イラン南部のヤダバラン油田の開発計画を2月中にも正式締結するという。ヤダバラン油田は日量最大30万バレルの生産が想定される。急激な経済成長を背景に世界第2位の石油消費国となった中国にとっては、優良な石油資源の獲得となり、他方イランにとっては仮に経済制裁を受けても、石油外交で外貨を獲得できるという担保を手にすることになる。

ロシアや中国の対イラン外交は、イラン包囲網を骨抜きにしかねないと懸念されている。イランとイスラエルの緊迫は、その背後に控えるロシア・中国勢とアメリカとの緊迫を象徴している。それはまた、キリスト教プロテスタントとロシア正教会との確執でもあり、他方キリスト教とイスラム教との対立でもある。

世界はいま、宗教、民族、イデオロギーが複雑にからみ合い、あちらこちらで対立・確執・争いが起こっている状況と言えるのである。

ヨーロッパではムハンマドの風刺画をめぐって死者が出ている。もしイエス・キリストやマリアが風刺されたら、キリスト教徒はどんな気持ちがするであろう。

日本のように、宗教や民族をめぐる対立と無縁の国で暮らしていると、世界に蔓延する反ユダヤ主義と、そこから惹起《じゃっき》される「文明の衝突」にはいまひとつ実感が湧かないかもしれない。だが、それは世界的規模で確実に蔓延し、憎悪と対立の連鎖を煽っているのである。

その行く末は、闇の権力者たちが待望するハルマゲドンである。そのような時代であればこそ、いかなる宗教にも受容的で、かつ経済大国として世界に名をとどろかせる日本が、憎悪と対立の連鎖を断ち切る国として、使命を果たすべきだと強く思う。

世界で起こる事件を注意深く見聞すると同時に、心は私たちの外側で起こることに惑わされず、どこまでも愛と調和の光で満たしたい。

いま、世界の人々に必要なのは、己を理解し、愛すること、そしてその理解と愛を他者にも広げることではないだろうか。私たちは神の前においてすべて尊く、美しい存在なのだから。

第４章　アジアへ飛び火する緊張

東アジア安定の鍵を握る日本と韓国

アメリカの「力の道」政策は、アジアにも深刻な混乱をもたらすであろう。

ＣＩＡなどで組織する国家情報会議（ＮＩＣ）は、２００6年1月、２０２０年の世界情勢を予測する報告書を発表した。それによれば、今後「世界の新たなプレーヤー」として中国とインドが台頭し、21世紀は中国、インドに率いられた「アジアの世紀」になるという。

こうした予測にアメリカが冷静でいられるはずがない。これまでアメリカはパウエル国務長官のもと、中国に対して対話姿勢をとってきたが、後任のライス氏は強硬姿勢に転じる可能性がある。

それを以前から警戒していた中国は、ロシアとの政治・経済・軍事協力を強化することで対抗しようとしている。昨今、中国とロシアは蜜月関係にあるが、中国包囲網に対抗したい中国と、油田や天然ガス田を狙って中央アジアに関与するアメリカをけん制したいロシアの思惑が一致しているわけだ。

また、軍事力増強を図りたい中国と、武器を売りたいロシアの利害も一致する。

米中の駆け引きは、2004年12月に発生したスマトラ沖地震の支援にも表れている。

中国は近年中東から南シナ海までの沿岸国に、積極的に海軍基地や港湾を建設し、エネルギー政策の強化を進めている。スマトラ沖地震の際、アメリカはちょうどその周辺に、「人道援助」と称して大量の米軍を派遣した。その規模は、香港に停泊していた空母「エイブラハム・リンカーン」をスマトラ沖に派遣し、7隻の艦隊と海兵隊2200人をスリランカに振り向けるなど、大規模なものであった。

米国防総省は、北東アジアからインド洋、中東にかけての弧状の地域を「不安定な弧」と表現し、同地域に米軍が使用可能な基地や施設を増やす計画を進めている。「人道援助」には、「不安定な弧」に位置する諸国との関係強化と偵察という、アメリカの政治的思惑が秘められているのである。

日本の防衛庁は、近年多発している他国民による日本周辺の離島侵攻を想定し、陸上自衛隊と米軍の共同作戦を強化する方針を固めた。スマトラ沖地震の被災地での自衛隊による救援活動の場面でも、米軍との連携が多分にあった。

しかし、こうした動きの背景に、逼迫《ひっぱく》した米軍事予算の負担を日本に肩代わりさせようとしていること、中国包囲網のために、アメリカ本土にある司令部を日本やグアムに移そうという思惑が潜んでいることを忘れてはならない。

日本は、在日米軍のために年間数千億円にものぼる土地代を負担し続けているうえ、光熱費から住宅整備費用まで、年間２８００億円もの「思いやり予算」を支出している。その大盤振る舞いは、アーミテージが国防次官補だった80年代、彼に「米軍駐留国の中で最も気前のよいのが日本だ」と言わしめたほどである。

これだけの負担を強いながら、アメリカはさらなる負担を日本に強い、本格的な米中対立に備えようとしている。

それに歯止めをかけられるのは、日本と韓国の「ＮＯ！」である。両国が自国の軍隊と米軍との連携に一定の歯止めをかけ続ければ、アメリカの中国包囲網は決して完成することはない。

かつて私が『文藝春秋』などの総合誌に米中関係の論文を書いていたとき、いろいろな人から「あなたは親中派か？　それとも親米派か？」と聞かれた。それに対して私は「どちらにつくかではなく、国際情勢を冷静に見極めながら、自国の利益に適う判断をすることが大切です」と答えた。

いま日本は再びそのテーマを突きつけられている。日本がとるべき道は、アメリカのよき助言者として存在感を示すと同時に、中国との関係を深める道ではないだろうか。

東アジアを巨大市場化する欧米軍需企業

2004年、中国では向こう15年間に2兆円を計上する防衛費の「特別枠」を設けることが協議され、ミサイル防衛（MD）システムや潜水艦8隻をアメリカから購入する計画が浮上している。それに対して台湾の国防部（国防省に相当）副部長（副大臣に相当）は、「中国は2006年に軍事行動に出るに違いない。我々も欧米から武器を購入すべきだ」と発言した。

日本も、総額6兆円とも言われる予算をミサイル防衛システムに投入することをすでに決定。アメリカとの共同研究を進めるため、武器輸出3原則を見直す予定である。

こうして私たちの住む東アジアを眺めてみると、やがてこの地域は欧米製の武器や兵器であふれかえり、そのうち、「在庫一掃」のための戦闘が始まるのではないか、という危機感が募る。

2004年6月5日、ラムズフェルド国防長官は、アジア太平洋地域の国防大臣や閣僚などが集まる「第3回アジア安全保障会議」に出席した。その席上、アメリカを「太平洋国家」と位置づけ、「太平洋に浮かぶ日本やオーストラリアとともに、ミサイル防衛システムを強化し、ともに『脅威』に立ち向かう」と演説した。

世界地図を広げれば、また文化人類学的考察を行えば、アメリカと日本がともに「太平洋国家」であるなどという理屈には無理があるが、アメリカがこれほどまでに「太平洋」にこだわる理由は、周辺地域を欧米軍需企業の巨大市場にしようとする目論みがあるからではないのか。その証拠に、「アジア安全保障会議」はイギリス国際戦略研究所が主催し、後援企業にはボーイング（米）、ノースロップ・グラマン（米）、ＢＡＥシステムズ（英）、ＥＡＤＳ（欧州）、タレス（仏）など、欧米を代表する軍需企業が名前を連ねている。

一方、中国の温家宝首相は、２００４年5月、加盟国が25ヶ国へと大幅に増えた拡大ＥＵに参加。イギリス、ＥＵ本部、ドイツ、イタリアなどを集中的に歴訪して、中国への武器禁輸措置を撤廃するよう働きかけた。つまり、中国はアメリカ企業のみならず、欧州企業からも武器を買い入れ、短期間で軍備を増強しようとしているわけである。

北朝鮮列車爆破事故は中朝関係へのけん制か

中国が軍事大国を目指すのは、台湾のような一地方をけん制するためではない。太平洋をまたいで次第にユーラシア大陸での覇権を広げ、「中国包囲網」を狭めようとしているアメリカを見据えてのことである。このままいけば、アメリカの忠実な同盟国である日本は、在日米軍もろとも中国の攻撃対象となる運命にある。

にもかかわらず、日本はアメリカ政権が言うままに、北朝鮮の「脅威」を信じ、軍備拡張へとひた走っている。だが、その「脅威」の実体はといえば、経済力においては沖縄にも遠く及ばず、プルトニウムはあっても核兵器はせいぜい1～2発しかつくれず、通常兵器もアメリカが湾岸戦争で一日に消費したくらいの量しか持っていない、というレベルの国である。

そのような「脅威」に踊らされて日本が欧米企業から武器や兵器を買えば買うほど、日本はアメリカの戦争に巻き込まれるリスクを自ら高めている、ということを日本人は自覚すべきであろう。

のん気な日本人に比べると、北朝鮮ははるかに戦略的である。北朝鮮は、アメリカがイラクに対して用いたのと同じ手法を用いて、やがて金正日政権を転覆し、「解放軍」として国を乗っ取り、ウラン鉱山をはじめとする資源をわがものにするつもりではないか、と読んでいる。

朝鮮中央通信によれば、イラク攻撃を検証すると、アメリカは次のようなプロセスで政権を転覆させるという。

（1）国連安全保障理事会による査察を行う
（2）大量破壊兵器を解体する
（3）虚偽情報を捏造、流布する
（4）二度目の査察を行う
（5）武力侵攻する。

　ここで注目すべきは、北朝鮮が国連の「査察」の欺瞞《ぎまん》性を見抜いていることである。北朝鮮によれば、アメリカは国連を隠れ蓑にして、査察という名目でイラク国内をくまなく調べ、国内情勢や地理を把握して、政権転覆に向けた準備を周到に行った、という。

　確かにイラクの場合、国連は7年間も査察を行い、イラクの隅々まで調べ上げた。結局大量破壊兵器は発見されなかったが、この間、イラク軍の90％の兵器が破壊され、アメリカはイラクの国内情勢や地理を的確に把握することができた。

　北朝鮮はこうした「査察」を、「白昼堂々と行われる諜報活動であり、軍の破壊活動だ」と指摘する。

　さらに、「イラクがアメリカの武力侵攻を許したのは、国連を味方にすればアメリカの攻撃を回避できると思い、査察団の要求通りに自衛的防衛力まで放棄し、アメリカの侵略に対する最後の手段さえなくしてしまったためだ」と言う。そして、「不当な査察を通じた武力解除に応じることは、戦争を防ぐのではなく、むしろ戦争を呼び込む」と結論づけている。

だから北朝鮮は査察をかたくなに拒否する、と理解できれば、北朝鮮は決して得体の知れない国などではなく、非常に冷静に論理的に物事を考える国だということがわかるのではないか。6ヶ国協議で核計画放棄をかたくなに拒むのも、たとえそれを受け入れても受け入れなくても、アメリカはいつか「虚偽情報の捏造と流布」によって武力侵攻に踏み切る、と読んでいるからにほかならない。

２００４年6月13日付の英サンデー・テレグラフ紙は、「北朝鮮・竜川で4月22日に起きた列車爆発事故の現場から携帯電話の破片が見つかり、爆発は携帯電話を起爆装置として使った金正日総書記の暗殺計画だったとする見方がある」と伝えた。実は、こうした説は事故発生当初から関係者の間でささやかれていた。

その根拠の一つは、事故が中国訪問を終えた金総書記の乗った列車が通過して9時間後に起きていることである。つまり、この事件は金総書記を本当に殺害するというよりは、中国を敵視する何らかの勢力が、中朝の関係をけん制し、両国へ「警告」及び「威嚇」を発するためにしかけた、というのである。

日本人の多くは、北朝鮮が日本人拉致問題を解決しようとしていない、と思っている。しかし、この問題を未解決のままにし、日朝関係をいびつなままにしておきたいのは、むしろアメリカではあるまいか。ジェンキンスさん問題をめぐるアメリカの対応を見ていると、その感はますます強くなる。

日本が日朝関係を硬直させ続ければ、やがてその緊張は日中関係の悪化にもつながる。そのことを頭に入れ、北朝鮮や中国に対する心の壁を、まず私たち一人ひとりが取り除くべきではないだろうか。

日・中・印の接近を警戒するアメリカ

中国が東シナ海で天然ガス田を開発しようとしていることが問題になっている。その天然ガス田は海底で日本の領域に及んでいるため、このまま開発が進めば、中国が日本の資源を吸い上げることになるというのである。

欧米の資本は、この天然ガス田の権益が尖閣諸島をめぐる日中の領有権問題になることを懸念し、すでに開発から撤退しているが、中国はこの天然ガス田一帯の権益を中国企業に与えたと言われる。

中国が刺激するのは、日本ばかりではない。2004年4月、中国外務省がホームページ上の韓国史を説明した記述から「高句麗」を削除し、「高句麗は中国史の一部」という見解を示したことに、韓国政府と韓国国民が激怒した。

高句麗は、中国東北地方の南部から朝鮮半島北部で栄えた強国であり、当時の朝鮮半島について日本の私たちも「高句麗、百済、新羅がしのぎを削る三国時代」と教えられてきた。

2004年6月には、中国で行われたサッカーアジア杯での「反日サポーター」事件もあった。こうした一連の出来事を見ていると、多くの日本国民が「中国とはなんと傲慢で危険な国なのか」と思うのも無理からぬことではある。そして、そろそろ日本国憲法を改正して、このような危険な国に対抗する手段を持つべきではないか、という気持ちになるのもわからなくはない。

しかし、それこそ軍産複合体及びアメリカの思うツボだということを私たちは肝に銘じなければならない。最大の勝利とは「戦わずして勝つこと」であり、日本は周辺諸国との緊張状態をつくらないよう、あくまで外交で対抗すべきなのである。

２０００年、アメリカ国防総省は新世紀のアジア戦略を展望し、「アジア２０２５」を作成した。そこには、アジアが２０２５年までにたどるであろうシナリオが四つシミュレーションされ、中国とインドの二つの超大国がアメリカの重大な脅威になることが予測されている。そして、その両国と日本が接近すれば、アジアに経済的・政治的に強大な力を持った共栄圏が出現する、と警戒している。

「アジア２０２５」によれば、「日本には三つの選択肢がある」という。すなわち、

（1）アメリカとの軍事同盟締結
（2）独自の軍備拡大
（3）中国への接近

の三つである。

当然、アメリカにとっては（1）が最も望ましく、（3）は絶対に阻止しなければならない。この報告書を作成したメンバーの中には、中国に積極的に投資する日本を警戒し、「日本が中国への経済進出を進めているうちは、アメリカの戦略が成立しない」と懸念する意見もある。また、「日本がアメリカと本格的な軍事同盟を結ぶには、いましかない。この機会を逃せば、日本は次第に中国に引き寄せられることになる」と危機感を募らせる者もいる。

アジア一の経済力を持つ日本がアジア諸国との連携を強めれば、それは現代版〝大東亜共栄圏〟となり、アメリカの大陸進出を阻む。アメリカが日米軍事同盟の確立を急ぎ、在日米軍を極東アジアにおける米軍の司令塔にしようと躍起《やっき》になっているのも、現代版〝大東亜共栄圏〟を完全に封じ込めるための一つの戦略なのであろう。

中国の体制維持のための「反日教育」

私が田中角栄元首相らに、唯一中国と親交のある日本人として「中国といかに付き合うか」をレクチャーしていた頃、世界は米中ソの超大国が激しくぶつかり合う「パワーポリティクス」の時代にあった。あのとき、田中元首相らが中国との国交回復を達成していなければ、超大国の緊張はさらに高まり、世界も日本もさらに危険な状態に陥ったかもしれない。

当時、中国はソ連と激しく対立し、日本やアメリカと連携することで活路を見出そうとしていた。日本政府はその千載一遇のチャンスを逃さず、中国と国交を回復したのであるが、その決断がパワーポリティクス時代における日本の安全保障を安定させた。しかし、昨今、「親中派」の大物政治家が次々と「構造改革」によって権力基盤を失い、一方の中国では反日政治家が跋《ばっ》扈《こ》する様を見ていると、日中関係がアメリカの思惑通り、険悪の一途をたどっているように思える。

かつての中国首相・周恩来は、71年に来日した際「日本民族は偉大な民族です。日本は、元《げん》（異民族が中国全土を統一した初めての征服王朝。チンギス・ハンの孫フビライを初代皇帝とする）の侵略を二度も撃退し、明治以降は民族統一と西欧文明を両立させ、目覚ましい発展を遂げてきたのですから」と語った。鄧小平氏も七八年に副首相として来日した際、日本の高度な生産技術に感嘆し、「我が国も日本に学びたい」と語った。

さらに彼の後継者となった胡耀邦も、83年に来日した際、「我が国は日本との関係正常化を実現していきます」と語った。

だがその後、中国共産党の長老たちが、権力を胡耀邦から奪還するために彼の親日路線を批判し、「反日教育」をその手段としたことから風向きが変わった。90年代に入ると、中学や高校の歴史の時間が増やされ、「近代中国は欧米と日本によって陵辱され続けた」とする教育が若者たちに対して徹底的に施されたのである。

サッカーアジア杯で暴動を起こした「反日サポーター」の中には、自分でチケットを買ったのではなく、反日団体から競技場で騒ぐよう依頼された若者が多数含まれていたという。

中国には反日団体が数多くあるが、これらの中には中国共産党の体制維持のために利用されている団体が少なくない。また、アメリカによる工作によって、中国には長年にわたって反日の種がばら撒かれてもいる。

そうした背景を考えれば、日本が中国の「反日」に安易に過剰反応することが、決して国益にならないことがわかるであろう。

アメリカには超党派で結成された日米関係研究グループがある。そこでは、現行の日本国憲法がアメリカの「押しつけ憲法」であるという世論を日本国内で盛り上げ、「集団安保」を認める憲法に改憲させようという議論が行われている。アメリカは現在「構造改革」を迫って経済的に日本に圧力をかけているが、やがて「改憲」を迫り、軍事的にも圧力を加えてくるであろう。

敗戦処理を任された首相として、占領軍と渡り合い、現行憲法の制定に力を尽くした吉田茂は、「戦争には負けたが、外交で勝つ」と言った。日本が先進国の中で唯一平和憲法を持つ国になりえた数奇な運命を考えれば、これを守り、外交によって国際問題を解決する道を歩むことが国益であり、日本の天命であることは明らかである。

内政不安に揺れる中国

本書執筆中のある日、テレビを見ていたら、中国郊外で起こった暴動を極秘に撮影した映像が流れていた。以前より私は「北京政府は『反日デモ』が反政府デモに発展することを恐れている。だからあくまでもコントロールできる範囲での『反日デモ』を演出した」と述べてきたが、このような映像を見ると、やはり中国は内政に大きな不安を抱えているのだと考えざるをえない。この暴動はいま中国で起きていることの氷山の一角に過ぎず、おそらく似たような暴動が中国各地で頻発しているのであろう。

2005年5月下旬、日中間では中国の呉儀副首相が小泉首相との会談を直前になってキャンセルする、という事件が起こった。中国側は「緊急の公務が生じた」と説明したが、呉副首相は北京には行かずに大連に入り、翌日からは予定通りモンゴルを訪れた。そのため、日本政府は「緊急公務」の信憑性を疑い、中国の非礼を非難した。

この一件について、中国はその後「靖国参拝をめぐる小泉首相や武部自民党幹事長の発言が原因」との見解を示し、自ら「緊急公務」がその理由ではなかったことを明らかにした。それに対し日本は、「靖国参拝批判は内政干渉に当たる」と猛反発。日中間の軋轢《あつれき》はさらに深まった。

だが、この事実について『人民日報』などの中国主要紙は一切報道していない。この背景には、反日世論を必要以上に刺激することを避けたい中国共産党の事情がある。

中国側は呉副首相の緊急帰国について、当初「緊急公務」としたが、あるいは本当にそうだったのかもしれない、とする見方もある。というのも、直前に人民解放軍内で内紛の危機があり、党指導部が警戒態勢に入っていた、とする情報が漏れ伝わっているからである。それによると、首謀者は江沢民前国家主席に近い人物であったという。つまり、胡錦濤指導部に対して、江沢民派が権力闘争を仕掛けたというのである。

もしこれが本当なら、「緊急公務」との帰国理由が数日後には「靖国問題」に翻り、中国政府の態度が二転三転したことも理解できる。胡指導部は、対日戦略を友好重視にしたいとの意向を持っているが、江沢民体制は徹底的な反日教育を行い、日本を敵視する政策をとってきた。胡指導部が今回のキャンセルを「靖国問題」としたのは、人民解放軍内部と折り合いをつけるための苦肉の策だったとも考えられる。

中国バブル崩壊間近?

中国が日本を歴史問題で執拗に批判する背景には、日本の国連安保理常任理事国入り問題がある。日本が常任理事国入りすれば、アジアにおけるアメリカの覇権も増大する。

第二次世界大戦後、国連安保理常任理事国としてアジアに権勢をふるってきた中国にとって、それは絶対に避けたい。中国が批判するのは日本であっても、その矛先の向こうには必ずアメリカがいるのだ。

だがそれゆえに、中国は日本を批判すればするほど、欧米からの非難にさらされるというジレンマに陥っている。

『ウォールストリート・ジャーナル』紙の電子版は、呉副首相の突然の会談キャンセルについて、「中国は自国の権威をアジア諸国に認めさせようとしており、日本と台湾がその圧力を最初に受けた。他のアジア諸国もまた中国の傲慢な態度に直面するであろう」と述べた。また、『ワシントン・ポスト』紙は、アメリカの元政府高官の見解として「中国はアジアの大国としての影響力を示そうとしており、日本の外交を抑えようとしたことが今回の反日デモの本質である。反日デモの狙いは歴史問題ではなく、日本の安保理常任理事国入りにある」と述べた。

中国経済へのけん制も顕著である。米財務省は2005年春、為替《かわせ》報告書を発表し、現在ドルに固定されている中国人民元に対して、2005年秋までに制度を改めるよう要請した。そして、2005年7月に人民元をドルに対して2%切り上げた。

アメリカにとって、安い労働力とCO_2排出量を気にせずに急激な経済発展を遂げ、原油需要も急増している中国は、経済的にも脅威である。そのため、産業界や議会からの対中圧力も強まり、中国のバブル崩壊は間近いとの憶測も出ている。

米財務省は、とりあえず人民元の切り上げをわずか2%にしたことで中国に猶予を与えたが、これは国際金融資本に中国のバブル崩壊に備える準備期間を与えるためではないか、と言われている。

2005年5月6日から8日まで、ドイツでビルダーバーグの会合が開催された。同会議には中国共産党の秘密顧問と言われるキッシンジャー元国務長官や、イラク戦争を仕掛けた「暗黒の王子」ことリチャード・パール氏、国際金融に影響力をふるってきたFRBのグリーンスパン氏らが顔をそろえた。

この会合では、高騰を続ける原油価格のことと同時に、中国経済及び人民元をどう処するかについても話し合われたと推測される。おそらく、国際金融資本は、中国のバブル崩壊シナリオに沿って、資産の保全準備に着手しているのであろう。

そのような状況の中で、北朝鮮の金正日総書記と、韓国の鄭東泳《チョンドンヨン》韓国統一相が、6月17日、平壌で会談を行った。会談で金総書記は「我々は6ヶ国協議を放棄も拒否もしたことはない。アメリカが我が国を相手として認めるなら、7月中にも6ヶ国協議に復帰する用意がある」と述べた。また、「体制の安全の保証が貫徹されれば、核兵器を持つ理由がない」とも述べた。

だが、６ヶ国協議の議長国である中国にとって、アメリカの同盟国である韓国が北朝鮮からの回答を引き出したことは面白くない。これでは中国の面子もつぶれ、アジアでの存在感という点でもアメリカの後塵を拝することになる。アメリカはインドネシアをはじめ、タイやシンガポールなど、アジア諸国との合同軍事演習を活発化させている。

こうした動きは、中国をますます孤立へと追い立てている。その焦りが、対日姿勢の硬化につながっていることを、日本は冷静に見極めるべきである。

人には誰にも「自分の人生をこう生きたい」という魂の願い（光）と、それを引っ張るカルマ（闇）がある。それと同じように、国家にも願い（光）とカルマ（闇）がある。現在の地球は、被害者意識を持った国家が空想の世界で悪のストーリーをつくり上げ、人々を恐怖、対立、闘争、憎しみへと導いている。

いまのアジア諸国同士の対立も、カルマが生む闇と言えよう。その闇を光に変えるには、日中朝の間で起こっていることに決して感情的にならず、どのようにしたら日本が主導権を持って平和的に解決できるかを冷静に考え、行動することである。中国や南北朝鮮の言い分に、腹立ちを覚えることもあるだろう。だが、そのようなときこそ、「私は正しく、あなたは間違っている」という思いを捨て、融合、調和を心に願うことが大切であろう。

第5章　日本国民もだまされている

ロックフェラー家に翻弄される日本の銀行

世界支配を目論む者は、日本国民が知らないところで〝一億総奴隷化計画〟を着々と進めている。その象徴的な出来事が、憲法改正論議であり、郵政民営化であり、道州制であり、銀行再編である。

郵政民営化は日本人の資産を国際金融資本に差し出すための布石であり（のちに詳述）、道州制は日本を八つの道州に分割し、現在国が統括している義務教育や安全保障政策を「地方の自主性」に任せ、日本を分断させるための手段である。

銀行再編についてはさらに直接的に国際金融資本が介入しており、東京三菱銀行が引き起こした一連の合併騒動も、ロックフェラー家のお家騒動が大きく関わっている。

どういうことかというと、これまでデビッド・ロックフェラー氏が統率してきたロックフェラー家に、新たに「本家」が浮上し、内部で権力争いが勃発しているのである。「本家」を率いるのは、デビッドの長兄に当たるジョン・D・ロックフェラー3世の長男ジェイ・ロックフェラー氏である（巻頭カラー写真参照）。

要するに、これまで兄弟の末っ子であるデビッドがロックフェラー家を率いてきたが、その兄であるジョンの長男ジェイが「長男の直系」を盾に急速に勢力を広げ、日本の銀行をめぐって叔父デビッドとしのぎを削っているというわけだ。

私はデビッドとジェイの二人はもちろん、デビッドの兄でありジェイの父であるジョン・D・ロックフェラー3世とも、ニューヨークにいた頃交流があった。とりわけジェイはハーバード大学在学当時から控えめな性格が印象的で、日本の国際基督教大学（ICU）に留学したこともあるため、とても親近感を覚えた。

彼はICU在学中、普通の苦学生と同じように車もエアコンもない生活を送り、米政財界きっての日本通として知られる。

彼は伝統的保守派のロックフェラー家には珍しく、民主党党首の娘を妻にするなど、ロックフェラー家の中では異色で、私は「彼のような温厚な人がロックフェラー家を継いだらいいのに」と思っていた。

だが、昨今のロックフェラー家の様子を聞いていると、これがあのジェイかと思う。ジェイのエスタブリッシュメントとしての本格的な経歴は、アメリカでいちばん貧しい州、ウェスト・バージニア州の州知事からスタートしている。これはもちろん民主党党首であった義父の協力があってこその当選であるが、今や民主党内で発言権を増したジェイは、デビッドと何かと対立しているようだ。

２００４年の大統領選で民主党はケリー氏を大統領候補に指名した。その背後には、２００８年の大統領選でヒラリー・クリントンをアメリカ初の女性大統領に就任させたいクリントン陣営の意向が働いていたことは先に触れた。クリントン陣営としてみれば、「今回は負ける候補を立てておいた方がよい」と読んだのかもしれない。

そのクリントンは、デビッドのすぐ上の兄ウィンスロップ・ロックフェラー氏の隠し子であり(だから彼は「自分の父は子供のときに死んだ」と公言している)、デビッドはクリントンを支持している。

一方、ケリー陣営の副大統領候補に指名されたハワード氏には、ジェイ・ロックフェラー氏がついている。つまり、クリントンVSケリーの争いが、そのまま叔父デビッドと甥ジェイの権力争いの土壌となっていたのである。

その争いが日本の金融界にも影響を与え始めてきた。２００２年3月、デビッドが小泉首相のもとを訪れ、ＵＦＪ銀行を自身の傘下におさめたいと訴えたが断られた。その背景には、ジェイ率いる「本家」ロックフェラー家と三菱グループとの間で、UFJを三菱に合併させる話が持ち上がっていたという事情がある。この手の話には、決まって元総理大臣の超大物フリーメーソンの名前が浮上してくる。

そして、同じく日本のフリーメーソンである日本の金融機関経営陣が、国際金融資本の忠実な代理人として動く。日銀が80兆円もの資金を投入してドルを買い支え続けたのも、2004年秋に新札を発行して国民の「タンス預金」を吐き出させたのも、彼らの力によるところが大きい。これが主権国家日本の実態である。

郵政民営化はアメリカの要求を丸飲みするということ

2005年8月、自民党による郵政民営化法案が参議院で否決されると、郵政民営化の是非を国民に問うべく、小泉首相は思い切って衆議院の解散・総選挙を選んだ。否決された理由は、自民党内でも自民党案に反対する造反議員が続出し、自民党が分裂したからであった。

ところで、一般庶民ばかりでなく、政治家であっても、そもそも郵政民営化の自民党案の中身を読んだことのある人はほとんどいないそうである。そのため、多くの日本国民は自民党案のどこに問題があるのかをほとんど知らないのが現状だ。

実情を知らない人々は、単に郵便局員が怠慢であることや、民間に劣るサービスや効率性を指摘しながら、郵便局が税金の無駄使いをしていることに注目し、民営化支持を唱えてしまう。さらに、テレビで頻繁に登場する占い師が自民党支持を訴え、〝他人依存症〟と化した人々がそれに共鳴し、元ライブドア社長の堀江容疑者による郵政民営化賛成表明と合わせて、若者を投票所へ向かわせることとなり、異例な高投票率となった背景も無視できなかった。

しかし、そもそも郵政民営化へ向けた自民党案は、アメリカが日本に対して内政干渉をしてでも採用を迫ったアメリカ案だということを忘れてはならない。アメリカは、クリントン政権の頃から積極的に郵政民営化を日本に迫ってきていた。

日本人は貯蓄率が高く、タンス預金も膨大であったため、何とかその巨額マネーを市場に放出させたいという狙いがあった。アメリカから輸入されたペイオフ解禁もその流れで生じたことである。そして、すでに日本は官民を挙げて米国債を購入しており、アリコやアフラックなどの米系保険会社は大きな売上を出している。

ライブドアによるニッポン放送の買収劇で、外資の放送事業への介入についてはあれだけ警戒心を示した政府自民党であったが、その一方では、まるで米系保険会社がある時間帯を買収してしまったかのように、テレビＣＭが盛んに流されている事実は放置されている。
２００５年8月21日、田中康夫長野県知事は次のように語っている。

「かつて日本長期信用銀行が破綻したとき、6兆円もの税金を投入し、わずか10億円で海外の金融に携わる方々に売却された。郵政民営化で4分割される会社の先にそのようなことが起きないのか。民営化の先を国民に示す必要がある。具体的な国民への説明が、政治であり行政の責務だ」

つまり、郵貯と簡保に預けられた３５０兆円という巨額マネーが郵政民営化によって流出し、米系資本にとってきわめて魅力的なマーケットになるという構図になっている。
事実、２００4年秋には、「日米規制改革及び競争政策イニシアティブに基づく日本国政府への米国政府要望書」として、アメリカは日本に郵政民営化を迫っていた。その要望書の中で、アメリカ政府は日系企業だけでなく、外国資本にも平等に開かれた民営化を求めている。つまり、民営化によって売却される株式を、外国資本も日系資本と同条件で購入可能にすることが求められていたのだ。外資は20％以上の株式取得を禁じる等の規制条項は設けられていない。

これでは、日本長期信用銀行が破綻したときと同じようなことが繰り返され、外国資本に買収される可能性が懸念されてもおかしくない。というか、はじめから外資に株式を売却することを前提とした法案になっているのではないのか。

実際、郵政民営化後に資本を運用する企業が２００３年11月の時点で決定されており、そのほとんどが米国系投資会社に割り当てられている。アメリカが小泉政権に郵政民営化を迫り、小泉政権が法案可決を急いだ背景には、２００９年からアメリカで予定されている年金改革のための資金を郵貯・簡保から得ることが想定されているからだと思われる。

石原慎太郎都知事も次のように述べている。

「民営化されると、日本の銀行が軒並みやられたみたいに、アメリカの膨大な金融力ってものに収奪されて、日本の金が日本の金じゃなくなるんじゃないか」

「竹中（大臣）はアメリカの手先だとかね。アメリカの言いなりになって民営化したら、全部向こうに乗っ取られちゃう」

さらに、民営化反対論者の小林興起氏も、「郵政民営化によって国民の郵貯・簡保の３５０兆円が外国資本に流れてしまうことになります。郵政民営化の本当の中身を国民が知ってしまったら、今の法案なんか通るわけがありません。だから（小泉は）急いでいる」と事の真相を端的に語っていた。

そして、選挙活動において、小林氏は、自民党案の中身を実際に読んで知っている人はどれだけいるのかを街頭で問うては、自民党案の問題点を必死に訴えた。また、荒井広幸氏は著書『郵便局をアメリカに売り渡すな』（飛鳥新社）を2002年12月に出版しており、同様のことを指摘してきた。そして、田中康夫長野県知事、小林興起氏らとともに「新党日本」を結成するに至ったのである。

一般的に、日本のように一党独裁が続いてきた国家においては、政権交代が起これば、一時的に政局不安が訪れ、景気に反映する。特に、郵貯・簡保の350兆円のマーケットを狙っていた米系金融資本は失望し、外国人投資家たちが日本から逃げて、株価も下落する可能性が高い。不況の続く日本の現状においては、できるだけ避けたいことである。そのため、産業界・金融界の人々は保身のためにも自民・小泉政権の続投と自民党案の可決を支持したがる傾向があった。

しかし、そのような展望はあくまでも一時的なものであり、真に日本を変革するには、私たちは多少の痛みを体験・共有する覚悟は必要だろう。

私は、手放しに造反議員たちが立ち上げた新党や民主党を支持しているわけではない。日本国民に何の説明もなくアメリカ側の要求にＹＥＳと返答した小泉政権が、自民党案の中身を吟味する猶予を与えずに、手段を選ばず強行的に可決させようとした姿勢を残念に思ったのである。

小泉政権が長期政権となっている理由

２００５年9月11日の衆院選に向けて、新聞各紙が行った世論調査によると、小泉首相の支持率は上がっていた。「日本もいよいよここまで落ちたか」と暗澹たる気持ちになった。もし、本当に郵政民営化を「国民のために」成し遂げたいのであれば、なぜ「抵抗勢力」の意見にも耳を傾け、継続審議としないのか。

多様性を一切排除しようとすれば、それは独裁であり、弾圧であり、全体主義である。そのような体制のもとでは、言論の自由などありえない。

テレビを見ていると、小泉首相を名君のごとく持ち上げる人々がいる。だが、リーダーとは清濁併せ呑む器を持ってこそ人の上に立つ資格があるのであり、これ見よがしに「刺客」を送り込むようなリーダーは、所詮将たる器にあらず、ということを自ら露呈しているに過ぎない。

小泉首相は「改革には痛みが伴う」と言い続けてきた。国民が再び彼を承認すれば、彼の無節操で冷酷なやり方が、今度は容赦なく私たちに向けられることを、一体どれほどの国民がわかっているのであろうか。

構造改革が必要なことは、永田町の住人から一般市民まで、異論はないであろう。だが、小泉首相が掲げている「郵政民営化」は、繰り返すが、３５０兆円の資産を虎視眈々《こしたんたん》と狙っている国際金融資本を利するだけなのである。

日本はこれまで紙くず同然の米国債を大量に買い、アメリカの繁栄と「力の道」を支えてきた。その結果、国も個人も借金まみれのアメリカが〝消費生活〟を謳歌《おうか》し、豊富な資産を持つ日本が倹約と勤勉に努め、よりいっそうの貯蓄に励むという奇妙な現象が起きた。そして今度は、そうまでして蓄えた国民の資産を「差し出せ」という。これが「郵政民営化」の正体である。

かつて「米国債を売りたい衝動に駆られることがある」と口走った橋本龍太郎元首相は、すっかり権力基盤を失い、政界引退を余儀なくされ、他界された。それに比べ、党内でのしがらみがなく、物事をあまり深く考えず、「自民党をぶっ壊す」と公言して暴走する小泉首相ほど、闇の権力者たちにとって、都合のいい人材はいないのかもしれない。

それが、人々の予想に反して小泉政権が長期政権となっている理由なのであろう。日本の政治は、ワシントンの意向と無関係ではありえないということか。

日本を鋭く分析しているジャーナリストに、ベンジャミン・フルフォード氏がいる。彼は上智大学で学び、『フォーブス』の太平洋支局長などを務め、日本の国家破産を予測した『日本がアルゼンチン・タンゴを踊る日』（光文社）などの著作で知られる。彼は自らヤクザや右翼に取材し、また「会社では真実が書けない」と嘆く大手新聞社の記者たちから仕入れた情報をもとに、日本の闇を鋭くえぐる著作を数多くものしている。

それらを読むと、日本の政界、ヤクザ、右翼、マスコミ、警察、司法が水面下でつながり、いかに日本国民をあざむいているかがよくわかる。その黒幕は、言うまでもなくアメリカであり、その背後にいる闇の権力者たちである。彼と会った折、「自分は日本を第二の故郷のように思い、愛している。だが、いまの日本の状況は見るに忍びなく、情けない」と彼は涙ながらに訴えた。

私も同感である。いまの日本には、国にも国民にも意志というものがなく、深く物事を考えることもせず、いつも誰かや何かに流されているように見える。これがわずか１５０年前、明治維新を成し遂げた日本かと情けなくなる。あのとき、志士たちは確固たる意志と理想を持ち、命をかけて国づくりに参加した。

その遺伝子は一体どこにいってしまったのだろうか。

最近の小泉首相を見ていると、〝魔的なるもの〟に侵されているのではないか、という印象を強く持つ。魔の波動は強ければ強いほど「この人なら何かやってくれるに違いない」という幻想を生み出し、人々を惹きつける。ちょうどヒトラーがそうであったように……。

この〝魔的なるもの〟を打ち破るのは、幕末の志士が持ったような揺るぎない意志であり、情熱であり、理想である。あの時代も、一人ひとりがそれぞれの立場で志を持ち、立ち上がっていった。その結果、最初はバラバラに存在していた思いが、「日本のために」という一点に結集され、不可能を可能にした。そのような強き意志が、いまの私たちにも必要なのである。

安易な株ブームに乗って、日本売りに加担するな

近年、株式市場をめぐって摩訶不思議な事件が頻発している。その一つが、２００５年12月に起こったみずほ証券による株誤発注事件である。この事件は、ジェイコムという新規上場企

業の株を、みずほ証券が「61万円の一株売り」と入力すべきところ、「一円で61万株売り」と入力してしまい、わずか10分の間に数社の外資系証券会社が巨額の利益を上げたというものである。

この事件には奇妙な点がいくつもある。

一つは、みずほ証券が一回の取引で数千株、数万株単位の取引をする機関投資家専門の証券会社であり、新規上場株を公開価格と同じ61万円で一株だけ売る、という取引をするはずがないということ。二つめは、それを入力ミスし、しかも本来そのような不自然な数値に対して警告を発するはずの東証のコンピュータシステムが作動しなかったこと。三つめは、この株を10分という短時間で大量購入するのは離れ技であり、その離れ技を外資系証券会社がそろってやってのけたこと。

そして四つめは、事件後、(株)日本証券クリアリング機構という会社が、株の値段に未実現の利益を上乗せして、現金決済すると決定したこと。この会社は証券取引に伴う清算業務という、きわめて公共的な業務を請け負いながら、その実態はゴールドマン・サックスや、日興コーディアルの専務取締役らが社外取締役に名を連ねる私的企業である。

これらの事実から、この株誤発注事件は最初から仕組まれていたのではないか、と一部では言われている。

この誤発注で最も儲けたのはモルガンスタンレーで、その額は41億2０００万円にものぼる。以下、日興コーディアル31億5０００万円、リーマンブラザーズ28億7０００万円、クレディ・スイス26億3０００万円と続く。ちなみに、日興コーディアルを日本の証券会社と思っている人も多いが、株主構成からいって実質的には外資系である。

日本の証券会社では野村が9億円の利益を上げているが、外資に比べればはるかに少額である。専門家によれば、いつ、どのような注文があるかがあらかじめわかってでもいなければ、10分の間にこれだけの株を買うのは難しいということである。さらに、このミスを犯した若手トレーダーが、新生銀行からの転職者だったため、彼が誰かの指示で「ミス」を犯したのではないか、とささやかれたりもしている。

ライブドアの堀江社長が逮捕されたというニュースが入ってからわずか2時間後、外資系ファンドがライブドアの買収を検討している、というニュースが流れた。結局ライブドアは大きな勢力にうまく使われたということではないのか。

その勢力とは、日本の秩序を破壊し、巨万の富を奪取しようと目論んでいる者たちである。彼らは「小泉改革」を通じて、株式市場をフリーでフェアでグローバルな市場につくりかえ、一方ではそこでプレーするプレーヤーたちに巨額の資金を提供してきた。だからこそ、ライブドアのような、実際の企業価値と株価とが乖離《かいり》した、怪しげな企業が台頭してきたのである。

ライブドアの台頭をしかけた一人に、村上ファンドの村上世彰《よしあき》氏がいる。彼は東大法学部を卒業した後、旧通産省に入省し、90年代には企業の株式持ち合いやM&Aについての法整備に携わったという。その頃にはすでにファンドを立ち上げることを考えていたとも言われており、市場関係者の中には、「村上は自分のために規制緩和を行った」と批判する人も多い。

村上氏は官僚時代、私的な勉強会である「日本コーポレート・ガバナンス・フォーラム」でオリックスの宮内氏に出会い、99年に独立した際には、宮内氏から40億円もの資金提供を受けたとされる。その後、村上氏が豊富な資金を背景に、企業買収を次々と仕掛けているのは周知の通りである（その後、2006年6月5日にインサイダー取引容疑で逮捕された）。

楽天やライブドアを一躍有名にしたメディア買収案件にも、村上氏は大きく関与している。注目すべきは、これらの買収がいずれも実現せず、結局「買収」の発表で価格のはねあがった株を売り抜けた者が得をした、ということである。ライブドアは、ニッポン放送株の売却益で1470億円を手中に収めたというが、その裏で村上氏も200億円の利益を上げ、TBS株関連では１００億円を儲けている。彼にとって「買収」話は、手っ取り早い儲けの手段だったのである。

先にオリックス宮内氏が村上氏に40億もの資金提供を行ったとされると述べたが、この大金もオリックスが手にした利益に比べればはるかに小さい。村上氏が官僚だった頃、米モトローラが通産省の後押しを背景に、自社方式の通信基地局を日本のＩＤＯ（旧日本移動通信）に導入させた。その実務を取り仕切るチームに、村上氏がいた。

その後、通信基地局設置に迫られて苦悩するＩＤＯに目をつけたオリックスは、モトローラから基地局を購入し、それをＩＤＯに一件１００億規模でリースするという契約を結んだという。それが全国規模で設置されたのだから、オリックスの手にした利益がどれほど巨大かは想像に難くない。

村上氏には、宮内氏の他にも大物米国人投資家が資金提供をしている。つまり、官僚であった村上氏と、強硬な規制緩和論者であった宮内氏と、彼らをバックアップする外国人投資家らが一体となって、株式市場や商取引の法律をつくりかえ、今度はそこで自らがプレーヤーとしてプレーする、という構図が見えてくるのである。これでは日本そのものをいわば〝私物化〟しているようなものではないか。

ライブドアの堀江氏がニッポン放送の大株主として突如浮上したとき、なぜ彼が朝の数十分間で株を買い集められたのかが問題になった。それは制度の盲点を突き、また外資系が事前に彼に売却を約束していたからだと言われた。そのような市場の私物化を可能にしているのが小泉改革であり、現在の日本の金融行政だということこそ、私たちが直視しなければならない真実である。

以前、各省庁の若手ホープが参加する研修会で講演をしたとき、参加者から「『日本人が日本を売る』など信じがたい」という意見が出た。だが、いまや私たちと同じ目の色、肌の色の人間が、外資と結託して錬金術を駆使し、日本売りをしかけているのだ。

堤義明氏率いる西武鉄道は、株式名義の問題が発端となってついには上場廃止に追い込まれ、外資系はその資産を直接、間接に手に入れた。このときも、小泉改革によってつくりかえられた東証のルールが堤氏を陥れた、と言われた。これからも〝いけにえ〟となる日本の優良企業、新興企業が出るであろう。日本の行く末を案ずるのなら、安易な株ブームに乗って、日本売りに加担するようなことだけはしたくないものである。

「構造改革」はデフレ時には逆効果

いま、私たちが自覚すべき問題がある。それは、「アメリカの暴走を許しているのはジャパンマネーであり、小泉政権である」ということだ。

日本が将来償還《しょうかん》される見込みのない米国債を先進国の中で突出して保有する国であること、ドル安に歯止めをかけるために巨額のジャパンマネーを市場に投入していることは、これまで繰り返し述べてきた。

また、日銀が民間銀行への「窓口指導」を通じてバブルを発生させ、それがパンパンに膨れ上がったときに破綻させられたことも無視できない。そして、その後にやってきたのが「構造改革なくして景気回復なし」である。

構造改革とは、「自由化」「民営化」「規制緩和」を進め、生産の非効率を徹底的に排除し、自由主義経済を極限まで推し進めることを目指す。それにより企業の生産性が上がり、モノやサービスの提供が増えることが期待される。だが、これが有効なのは、消費者や企業にモノやサービスを購買する力があるときだけであり、いまの日本のようにモノやサービスを購入する金が足りない（＝デフレの状態）ときには逆効果となる。

このような状況下ではまったく反対の政策、つまり資金を市場に供給し、民間銀行の不良債権を償却して貸し出しを増やし、消費や設備投資を活性化させるという政策をとるべきである。これができるのは、民間銀行を統括する立場にあり、紙幣の発行権を持つ日銀だけである。

戦後の混乱期、日銀は敗戦で紙くずになった国債や、民間銀行が武器メーカーなどに貸し付けて焦げついた債権を買い上げ、戦後復興の基盤をつくり上げた。それと同様、日銀はあらゆる手を講じて、景気回復のための環境を整えるべきなのである。

だが、バブル崩壊後、日銀は市場に金を供給するどころか、民間銀行に「貸し渋り」「貸しはがし」を命じ、市場から金を引き上げてきた。また「ゼロ金利政策」を発動し、市中の金が民間銀行ではなく、株式や債権、外貨預金に回るような政策をとってきた。その結果、私たちの生活はどうなったか。

消費者や企業にモノやサービスを買う金がない→モノやサービスの価格引き下げ→企業収益の悪化→コスト削減、リストラ→中小企業の倒産、失業率の上昇、自殺者の増加、という悪循環に陥ったのではないか。

日銀は「株式会社」である

「景気がいい」というのは、消費者や企業が民間銀行から金を借り入れ、消費や設備投資が活発な状態、つまり金がよく循環し、経済のパイが拡大している状態のことをいう。ところが、日本はバブル崩壊後、150兆円を超える財政支出を発動してきたにもかかわらず、中国向け輸出が伸びている以外に、好材料は見当たらない。

これは市中の金が株式・債券市場にばかり回り、消費や設備投資に回っていないことを意味している。そのため、民間銀行の貸し出しが伸びず、日本経済のパイも拡大せず、結果金が循環しない、という悪循環が生まれているのである。

その一方で、外資だけは日本の銀行や不動産や企業を二束三文で買い取り、民営化や自由化で生まれる新市場をいち早く囲い込んでいる。つまり、構造改革とは日本国民のためにあるのではなく、外資に新しいビジネスチャンスを提供するために編み出された巧妙な仕掛けと言ってもよいのではないか。それを牽引しているのが日銀であり、小泉政権であろう。

日銀と聞けば、多くの人は日本の民間銀行を統括する、伝統と格式ある公的機関だと思っている。だが、日銀は実は、株式を新興ＪＡＳＤＡＱ市場に上場している「株式会社」である。日銀は、日本政府を最大の顧客として膨大な利益を上げている。

逆にいえば、私たちの税金が日銀の利益のために無駄遣いされ続けており、国債の発行に拍車をかけている、とも言えるわけだ。

また、どの政治家も口にしないことであるが、日銀は上場しているにもかかわらず、株主、財務状況、発行株式数、従業員数、従業員の平均年齢・年収など、投資家にとって最低限必要な情報がほとんど開示されていない。ライブドアが虚偽の情報開示を行ったケースにおいては、マスコミは大きく取り上げたにもかかわらず、そもそも企業情報をほとんど開示していない日銀株の上場が放置されている事実は追及されることがない。

そのような法人が紙幣の発行権を持っていることが、そもそもおかしい。本来なら、政府が紙幣の発行権を持ち、透明性のある国会での審議のもと、直接金融政策がコントロールされるべきである。政府が国債を発行して国民に借金しなければ資金調達ができない、ということ自体がおかしいのである。

第3代米大統領トーマス・ジェファーソンは、「中央銀行をつくると国民が貧しくなる」と言った。多くの人は、中央銀行がなければ経済が立ち行かないと思い込んでいるが、アメリカではロスチャイルド家の息のかかった財閥によって1913年にFRB(連邦準備制度)がつくられるまで、中央銀行はなかった。それでも中央銀行が存在していた宗主国イギリスを抜いて、世界第一位の経済大国として君臨していたのである。

かつてリンカーン大統領は、南北戦争で逼迫する財政を立て直すために政府紙幣の発行を命じた。だが、その後、暗殺されてしまった。また、ケネディ大統領は、景気対策のための財政投資をFRBに断られたため、政府による紙幣発行に踏み切り、その年、銃弾に倒れた。ケネディ最後の大統領命令――それがこの政府紙幣の発行だったとされる。このように歴代のアメリカ大統領の軌跡を見ると、金を持つ者こそが一国の真の支配者であることがよくわかる。

それは日本も同じである。「構造改革」の原案となったのは、元日銀総裁・前川春雄氏がまとめた1986年の「前川リポート」であるが、ここには「日本は内需を拡大し、アメリカ型経済構造を導入すべき」と書かれていた。当時は日本の銀行や企業が国際市場で活躍し、世界中の経済学者がこぞって日本の強さを研究していた時代だ。

「前川レポート」を見て、多くの知識人は「なぜ絶好調の日本経済が構造を転換しなければならないのか」と疑問を抱いたものである。だが、その後の日本経済を見れば、「前川リポート」が〝日本つぶしの青写真〟だったことは明らかである。

経済に効率は大事である。しかし、医療や福祉、教育のように、効率だけでは測れないものもある。それを徹底的に効率化しようと思えば、金のあるものは質の高いサービスを受けられるが、ないものは受けられない、という社会が出現してしまう。

中央銀行が力を持つ社会とは、「金を持つものがいちばん強い」という仕組みや価値観を生み出す社会である。現に日銀は政府をも凌ぐ力を持ち、国民の有形・無形の資産を巻き上げ、それをアメリカに差し出すという機能を果たしているではないか。その資金が結果的にアメリカと軍産複合体を潤すことになっているのだ。

その循環を断ち切るのは、日本国民の自覚と知恵と勇気である。私たち一人ひとりが、物質文明から精神文明へと意識を転換させて生きていくことが大切なのである。

米市民は法外な紙幣使用料を徴収されている！

さて、アメリカの金融をコントロールするＦＲＢも国営ではなく、株式会社である。これまで会計監査がされたこともなく、株主も公表されていない。１９１３年に成立した連邦準備法により完全独立権を有している。

ジャック・メットカルフ
下院議員

しかし、合衆国憲法第一条八節五項には、「合衆国議会のみが通貨発行権を有する」と明記されており、FRBの存在そのものが合衆国憲法に違反しているとも言えるのである。

アメリカでは長年、FRBと関わる一部の富裕層が為替相場を操作してきたのではないか、と疑う人々が存在してきた。株主が公表されていないので、そのような疑いを持たれても当然のことである。日銀と同様に、FRBの大株主にも、ロスチャイルドやロックフェラーたちが名を連ねているという。

中央銀行であるFRBの不透明性以外にも、いまのアメリカの貨幣制度には問題がある。

1999年9月9日、ワシントン州選出の下院議員ジャック・メットカルフ氏は議会で、新しい通貨制度をテーマに次のような主旨を語り、その後2000年8月7日にもウェイスバック・ラジオのトークショーでも同じ内容を繰り返している。

アメリカではFRBが紙幣を発行し、財務省が硬貨を造幣している。すでに触れたように、FRBは国営ではない。国がFRBに紙幣を発行させて、流通させるために年間270億ドルもの金額を負担している。つまり、アメリカ市民が自分たちの使う現金に対して借り賃を支払っていることになる。その借り賃額は、一人当たり年間約１００ドルに及ぶ。

言い換えれば、アメリカ市民はＦＲＢが発行する紙幣を使用するという恩恵のために、流通される自分たちのお金に対して、税金を支払っているわけだ。

実際のところ、このお金は、アメリカ市民のお金を支える国債にかかる利子を支払うために、財務省によってＦＲＢに支払われる。財務省は硬貨を造幣するように、本来ならば、負債も利子もなく市民の貨幣を直接発行できるはずだが、ＦＲＢが存在する以上、そうはいかない。

アメリカが抱える債務を補うために、発行された国債にかかる利子は４０００億ドル（１９９９年当時）を超えている。

馬鹿げたことであるが、硬貨が流通に使われると国益を生むが、ＦＲＢ発行の紙幣が使用されるとアメリカ市民は負債を負うことになる。これが現実のシステムなのである。

この問題を解決する方法は簡単なことである、とメットカルフ議員は言う。財務省が現在のＦＲＢが発行する紙幣と同じ金額、同じ額面で貨幣を発行することが必要だとした法律を議会が承認するだけでかまわないのだそうである。

これにより、アメリカ市民がＦＲＢから紙幣を借りることによって支払っている２７０億ドルをなくすことができるばかりか、財務省が紙幣を発行・流通させることで、数年以内にアメリカの抱える債務を４０００億ドル以上減らすことができるという（ちなみに、２００６年６月時点で、アメリカの国家債務は約８兆４０００億ドル）。

第6章　国連やバチカンと闇の権力

イルミナティが創設した国連

２００５年2月15日、米議会上院国土安全保障・政府問題委員会で、国連の「イラク石油・食糧交換プログラム」をめぐる不正事件についての公聴会が開かれた。公聴会では、国連係員が２００１年にイラク石油省から合計10万５００ドルを不正に受け取っていたことを記した一連の書類や、アナン事務総長の息子が父親のコネを利用して国連の業務契約を獲得した疑惑を示す書類が公表された。

渦中の二人はいずれも民間企業社員として国連に関与し、取引拡大の見返りとして多大な利益を手にしたとされる。

時を同じくして、国連難民高等弁務官による部下へのセクハラ疑惑も浮上。ここ最近、国連の権威はすっかり失墜している。

こうした一連の疑惑、不正の背景には、イラク戦後復興の主導権を国連と激しく争うネオコンの陰謀が見え隠れする。だが、そもそも国連とは「死の商人」の巣窟であり、不正は国連の〝お家芸〟と言ってもよい。国連には、国連を隠れ蓑にして私腹を肥やす武器、食糧、石油、原子力、土木・建築などのブローカーが暗躍しているのである。

これまでの拙著にも記したように、国連安全保障理事会の常任理事国5ヶ国（米、英、中、露、仏）は、同時に武器輸出大国ベスト5でもある。これらの国々は表向き戦争反対や人道支援を唱えつつ、裏では小国を操り、地域紛争をあおって、世界中に武器を売りさばいている。

結果、小国はますます財政が逼迫し、大国はますます富と権力を集中させていくという構図ができあがっている。

国際連合（United Nations）が誕生したのは1945年。第二次世界大戦が終結した年のことである。ちなみに、「United Nations」とは直訳すれば「連合国」であり、文字通り第二次世界大戦で日独伊と戦を交えていた国々の連合体を意味していた（実際、中国語では国連を「連合国」と記す）。

国連の前身が、1920年に創設された国際連盟であることはよく知られている。では、その国際連盟の草案をつくったのが、英王立国際問題研究所（RIIA）であることはご存じだろうか。草案をRIIAが書いているということは、イルミナティの掲げる「ワンワールド」のための具体的構想として書かれたのではないか、という疑いが生じる。

そのため国際連盟は、「合衆国は領土も人民も持たず、実体のない組織とは条約を結ばない。

合衆国憲法をないがしろにするような条約は結ばない」とした米国議会には拒否された。それが、1945年に甦ったのは、ルーズベルト大統領の力が大きい。彼は社会主義に好意的な最初の米大統領として、「超国家」「超政府」を訴えた。そして、1945年、国際連盟の焼き直しに過ぎない「国際連合」を、わずか3日の審議で米議会に認めさせたのである。

このとき、「国家主権は悪魔的だ」と熱弁をふるったのは、イルミナティの下部組織である「300人委員会」のメンバーだったジョン・F・ダレス元国務長官である。彼は王立国際問題研究所からの指示で米議会に工作を仕掛け、3日で国連を認めさせることに成功した。

その後、国連が朝鮮戦争において「国連軍」を派遣し、戦闘行為に加わったのは周知の通りである。世界の平和と秩序を守るはずの国際機関が自ら殺りくを行い、その本性を表した瞬間であった。

国連をめぐる「闇」

国連による武器密輸は、これまで何度か白日のもとにさらされてきた。ユーゴ内戦が激化していた1992年、ボリビアやチリ、パナマなどの中南米諸国が、自らも知らない兵器輸入の当事国にさせられたことがあった。

調査の結果、兵器の行き先はクロアチア、ボスニア、セルビアといった内戦地帯であることが判明した。中南米を利用したいわゆる「三角貿易」の手口である。その背後にはモスクワやイタリアを拠点とする複数の巨大マフィアが存在し、さらにその背後には真の黒幕としてロスチャイルド家の血族が君臨していたことが後に話題となった。

1993年には、サラエボの国連難民高等弁務官事務所から出てきたトラックから大量の弾薬が発見され、その3ヶ月後にはユーゴ内戦地に送られたコンテナからおびただしい量の武器、兵器が発見された。もちろん内戦で疲弊するユーゴにこれだけの兵器を買う余裕などあるはずもない。これら資金のもとは国連の金庫であることは間違いないだろう。

90年代に国連事務総長を務めたガリ氏は、国連のPKO（平和維持活動）のために莫大な請求書を日本に送りつけてきたが、私たちが拠出した「人道支援」のための資金は、直接・間接に国連幹部も関係する軍需関連企業へと流れているのである。ちなみに、ガリ氏はロスチャイルド閨閥《けいばつ》の人間であり、祖父はアフリカ全土の原住民虐殺の陣頭指揮を執った人物である。

驚くべきことに、「イラク戦争が回避されますように」と世界中の市民が祈っていた2002年12月20日、国連は「イラク戦後復興」なる極秘文書を完成させていた。そこには、「死傷者50

万人。国内難民97万人」などという数字がはじき出され、医薬品や食糧やシェルターがどれだけ必要か、インフラの復旧に何が必要か、国連が資源プログラムに参加するにはどうすべきか、などまるで戦後復興の儲けを試算するかのような数値が記されていた。

英タイムズ紙は、このことを「国連総長、イラク戦争のための秘密命令を発する」との皮肉的な見出しで扱った。

国連にはWTO（世界貿易機関）、IAEA（国際原子力機関）、IMF（国際通貨基金）、WHO（世界保健機関）、ILO（国際労働機関）、UNESCO（国連教育科学文化機構）、ユニセフ、難民高等弁務官、国連大学、国連軍など、おびただしい数の関係機関がある。それらは政治、経済、軍事、金融、エネルギー、食糧、文化・教育など、私たちの生活のあらゆる分野を網羅している。

現在、国連分担金の支出額は、1位アメリカ（22％）、2位日本（19・5％）、3位ドイツ（8・7％）、4位イギリス（6・1％）、5位フランス（6％）の順となっている。ここには湾岸戦争時に拠出したような「特別分担金」は含まれていない。

日本がいかに突出して巨額の分担金を拠出しているか、一目瞭然であろう。国連に人、モノ、カネを差し出さなければ、「人道支援」に反する身勝手な国家のように評される。だが、日本が常任理事国入りに躍起になる真の理由は、「戦後復興」に乗り遅れないためであろう。私たちの血税から出した拠出金が、一握りの大企業の懐に転がり込むとは、何という茶番であろうか。

表面化した闇の権力の「内ゲバ」

強行的にイラク戦争に踏み切ったアメリカは、諸外国から批判の矢面に立たされたが、国内でも厄介な問題を抱えてきた。ブッシュ大統領とネオコンの戦争責任を糾弾する声が激しさを増し、政権が不安定になっているのである。

その根底にあるのは、闇の権力内での〝内ゲバ〟であろう。これまで繰り返し述べてきたように、一口に闇の権力といっても、そこにはいくつかの源の異なる勢力が混在する。すなわち、

○シオニスト過激派
○アメリカ保守本流（WASP＝White Anglo-Saxon Protestant、白人アングロサクソン系プロテスタント）
○ヨーロッパ王侯貴族

の三つであるが、その内部対立がイラクの脅威捏造《ねつぞう》をめぐる論争となって表面化したのである。

イラク戦争を推進したのは、ネオコンとそれに連なるシオニスト過激派であった。彼らに引きずられるブッシュ大統領に、WASP勢が危機感を感じないはずがない。

イラク戦争後、米国議会では政府によるイラクの脅威捏造疑惑を裏づける証拠が次々と出されてきたが、これはWASP勢がしかけたシオニスト過激派への反撃である。議会で疑惑追及の急先鋒に立っている民主党のジェイ・ロックフェラー上院議員は、典型的なWASPである。

私はロックフェラー家の人々と一時期親しく交流させていただいたが、彼らは東部で伝統的に力を持ってきたエスタブリッシュメントである。ロックフェラー上院議員は、ネオコンとシオニスト過激派に翻弄されるブッシュ政権を引きずり下ろし、WASPの利益代弁者を政権に据えることを目指している。議会での激しい論争は、WASPとシオニストの対立の縮図と言っていい。

このように見てくると、2003年7月、米英で疑惑の渦中にいた人が、なぜ「自殺」したのかの真相も見えてくる。

イギリスでは、イラクの脅威捏造をBBC放送にリークしたケリー博士が、自宅近くで遺体で発見された。警察当局は「自殺」と発表したが、当時の状況を考えると明らかに「怪死」といった方がふさわしい。博士は英国防省の兵器担当顧問であり、国連査察官の経験もある大量破壊兵器の専門家であった。

一連の事件の渦中にいたケリー博士が極秘情報を握っていたことは想像に難くない。ケリー博士の死については、のちに、「博士は殺害された」とする九〇〇〇ページにも及ぶ報告書が発表されたりもした。

その一方で、マスコミではあまり報じられていないが、アメリカでも怪死事件が起こった。ブッシュ大統領から次期海軍長官に指名されていたニューメキシコ州の石油企業経営者コリン・マクミラン氏が2003年7月24日、自宅で死亡し、自殺の可能性が高いと報じられたのである。

彼はブッシュ大統領の父の政権で国防次官補を務め、2000年の大統領選でもブッシュ陣営の責任者を務めたほど、ブッシュ一族からの信任も厚い。常識的に考えて、将来を約束された重要人物が「謎の自殺」を遂げるなどということがありえようか。

ケリー博士といい、マクミラン氏といい、いずれも政権中枢の事情をよく知る人物であるだけに、関係者の間では「中東全土をわがものにしたい勢力によって、口封じのために殺害されたのではないか」という見方が強まっている。

世界は破壊へとひた走っている。この機に、私たち日本人は平和憲法を有する国民として、よりいっそうの調和を求め、改めて一人ひとりの心に問い直すべきではないだろうか。

激化する闇の権力内対立

１９８９年にベルリンの壁が崩壊し、2年後のソ連崩壊と、ゴルバチョフによるペレストロイカ推進により、ロシアは西側諸国と急速に接近していった。そして、今やＮＡＴＯ（北大西洋条約機構）は東欧諸国を取り込み、米ロを中枢とした新体制に生まれ変わった。ロシアも新ＮＡＴＯ発足で、欧州への影響力が拡大したことにひとまず満足しているだろう。

欧州との関係強化は、プーチン大統領の大きな外交目標の一つであった。旧ソ連時代、ゴルバチョフはブッシュ大統領（当時。現大統領の父）とともに冷戦に終止符を打った。だが、その条件であった「旧ソ連を欧州の一員として迎える」という約束は実現されることはなかった。政権がクリントンに移ると、ロシアはクリントン政権を使嗾《しそう》するシオニスト過激派に翻弄され、グローバリズムの掛け声のもと、経済的にも軍事的にも骨抜きにされたのである。

だが、これからは違う。ロシアはアンチ・シオニズムを掲げるブッシュ大統領と手を組み、再び大国としての道を歩み出した。当初、反プーチンの態度を鮮明にしていたロシア財界も、いまはプーチン支持に回っている。ロシアの国力が再び浮上してくることは間違いないだろう。

ロシアでは最近油田の開発が加速しており、OPECを中心とする原油の生産調整、価格決定メカニズムが崩れつつある。2002年、ロシアは一度は了承したOPECとの協調減産を反故《ほご》にした。ロシアの強気の背景にあるのが、油田開発や原油輸送に協力するアメリカの国際石油資本（メジャー）の存在である。

アメリカはこれまで、アラブ諸国から安く原油を輸入し、その見返りに最新兵器を供給することで、エネルギーの安定供給を手にしてきた。しかし、イスラエル・パレスチナ紛争への対応や、「ならず者国家」への空爆がアラブ諸国に受け入れられなかったことで、アラブ諸国との間に微妙なきしみが生じている。

しかも、同時多発テロには多数のサウジ人が関与したと言われている。そこで、アメリカはアラブ一辺倒の原油調達が抱えるリスクを回避するために、原油供給先としてロシアを有力視した。それが、エネルギー覇権《はけん》を行使して、ユーラシア大陸での支配を拡大させたいプーチンの思惑と一致した。

つまるところ、ＮＡＴＯにおけるロシアの優遇は、ブッシュ政権に対するプーチンの協力への見返りだということができる。アメリカが、日本を含む西側諸国が拠出した２００億ドルもの巨費を投じて、核削減に取り組むことを約束したのも同様にロシアへの見返りだろう。

さらに、アメリカ国務省は２００２年６月６日、ロシアを市場経済に指定することを発表した。ロシアは今後、アメリカの協力のもと、エネルギー、経済、軍事の面で急速に大国復権への動きを加速させるであろう。

ところで、アメリカ主導のもとで新たな秩序が形成されようとしていた際、それに反発する動きも顕著になってきた。２００２年６月13日、ジョージ・ソロス氏は世界十一ヶ国44のＮＧＯと組み、国際石油資本と発展途上国の資金的な流れを監視するキャンペーンを始めた、と発表したのだ。

キャンペーンの名称は「いくら払ったか公表せよ」だそうで、「資源開発を進めている途上国政府や政府系企業に、資源の対価、税金、手数料などの形でいくら支払ったか」を求めるのだという。

「メジャーから巨額の資金が流入しているのに貧困がなくならない途上国の現状を打破する」と

の言葉はいかにも〝慈善家〟ソロスらしいが、これなどはシオニスト過激派の隠れ蓑としてNGOが使われている現実を如実に示しているのではないか。

はからずもアフガン復興会議へのNGO参加問題で明らかになったように、NGOに流れ込む資金は一般市民ではとうてい想像できないほどに巨額だ。その資金源は巨富を手にする者、つまりはソロスのような国際金融資本であったり、石油メジャーであったりする。

純粋な気持ちで活動に取り組む方々の意志に異論を唱えるつもりはないし、私も世界各国でNGO、NPOの方々と接し、その志には敬服している。しかし、その背後にある政治的な動きには十分注意が必要だ。

シオニスト過激派が世界制覇の戦略として掲げるのは、王政の崩壊であり、国家の解体であり、独自固有の文化・文明の破壊である。そのために、多額の資金をNGO、NPOに提供し、人権擁護を全面に押し出しながら既得権益を握る勢力に侵食していく。

シオニスト過激派だけではない。人権擁護団体「グリーンピース」がメジャーからの豊富な資金で世界を舞台に活動しているように、石油メジャーもNGOを巧みに利用し、自分たちに都合のいいプロパガンダを展開しているのである。

石油を中心として製造業に基盤を置くメジャー勢、金融・マスコミなどサービス業に基盤を置くシオニスト過激派勢。両者はどちらも世界制覇を狙う「闇の権力」の一員だ。その両者の対立が表面化したことは、闇の権力の内部対立がいっそう激化していることを物語る。

アメリカを軍事大国化させた後、他国と衝突させて崩壊させるのが狙い

新NATO体制に象徴されるように、アメリカの露骨な峻別《しゅんべつ》の中で、ドイツ、フランス同様、イラク戦争に最後まで反対したロシアだけは、なぜか破格の扱いを受けた。2003年5月中旬、プーチン大統領と会談を行ったパウエル国務長官は、ロシアとの協調関係に前向きな姿勢を見せ、イラクの戦後復興にロシアが参加する可能性を示唆した。

エビアン・サミット前に開かれたサンクトペテルブルクでの「建都300年祭」でも、ブッシュ大統領はプーチン大統領との首脳会談に応じ、お互いを「友」と呼び合うなど、親密な関係をアピールすることに終始した。

こうした白々しい演出の背景には、アメリカによるロシア懐柔策がある。アメリカはヨーロッパとの関係が悪化することを織り込んで、ロシアとヨーロッパ諸国との分断に乗り出したのだ。

アメリカは国連を無視した戦争での勝利を機に、イギリスの植民地として出発した歴史を清

算し、21世紀の帝国としての地位を固めようとしている。世界最強の軍事力を持つアメリカにとって、気に入らない国を叩くのにいちいち「古い欧州」の意見を聞いている必要などない。

アメリカは、イラク戦争で浮上した「古い欧州」との亀裂を逆手にとり、これらの国々の影響力を徹底的に排除し、ユーラシア大陸での覇権を拡大しようと目論んでいる。だがその場合、「古い欧州」とロシアが緊密な関係を結んでいては都合が悪い。そこで、戦後復興への参加というニンジンをぶら下げて、ロシア懐柔策に出たというわけだ。

しかし、ロシアにしても、そう簡単にアメリカの懐柔策に乗るわけではない。私がこれまで伝えてきた通り、ロシアは旧ソ連諸国による新たな軍事共同体構想の準備を進め、着々とユーラシア大陸の雄としての力を蓄えている。最近では、インド沖でインド海軍との合同演習を実施し、新型巡航ミサイルの発射実験を行うなど、ロシアの兵器開発能力をアメリカに見せつけた。

ロシアには、貿易上も重要な相手国である欧州との関係を悪化させるつもりなど毛頭ない。あくまでも欧州との関係を維持しつつ、アメリカとは同じ「大国」として渡り合う算段であろう。

アメリカがイラク攻撃に固執したのは、イラクの油田権益争いでヨーロッパやロシア、中国の後塵《こうじん》を拝したことが大きく関係していた。バグダッド侵攻後、アメリカはイラク石油省を「警備」と称してまんまと支配下に置いたが、開戦前にはイラクの油田権益を一つも持っていなかった。

もしロシアや中国といった大国が権益を独占すれば、エネルギー覇権をめぐるアメリカの敗北は免れない。そうなれば中東政策そのものが破綻する。イラク戦争は、そうしたアメリカの苦境を一刀両断するための戦いでもあったのだ。

アメリカはイラク新体制を支援することを口実に、旧体制時代の債務を帳消しにしようとしている。そうなれば、ロシアやフランスはもちろん、他のヨーロッパ諸国も、そして日本も、莫大な損害を被る。それだけに各国ともアメリカのご機嫌うかがいに余念がない。

世界最強の総合エンジニアリング会社であり、歴代アメリカ大統領も要職に名を連ねるベクテル社には、戦後復興を受注しようとする各国からの「ベクテル詣で」が引きも切らないという。だが、こうした戦後復興が定着すれば、アメリカに異を唱える国は、債権放棄と戦後復興からの排除を余儀なくされる、という悪しき前例をつくることになる。

闇の権力は、アメリカを軍事大国化させて大量殺りくを行わせた後に、他の軍事大国と衝突させて崩壊させようと考えている。昨今のロシアの復権は冷戦の復活を予感させる。冷戦時に勃発した世界各地における紛争は、米ソの代理戦争の性格を持ち、さながら「第三次大戦」の様相を見せていた。

今度米露が衝突すれば、その戦争は欧州連合（EU）やアジア諸国も入り乱れて世界を巻き込む真の「第三次世界大戦」へと発展し、人類をハルマゲドンへと導くことになるだろう。

新ローマ教皇とシオニストとのつながり

2005年4月、ローマ教皇ヨハネ・パウロ二世が逝去し、ドイツ出身のラッィンガー氏が「ベネディクト十六世」として新教皇に就任することが決まった。

ヨハネ・パウロ二世は26年もの長きにわたって教皇を務め、東西冷戦時代には反ソ運動を積極的に支持し、ソ連崩壊の一翼を担った。そのため、彼が逝去したとき、ブッシュ大統領は「世界は自由の権威者を失った。教皇の母国ポーランドで民主化革命が起こり、それが東欧全体へ拡大したことで、歴史の流れが変わった」と述べて、その死を悼んだ。

これに対して、ロシアは「教皇はレーガンと結託して、ソ連崩壊という米国の利益のために、東欧のカトリック信者に影響力を行使した」と批判した。ロシア正教会では、ヨハネ・パウロ二世が逝去するやいなや、新教皇はロシアでの伝道活動を控えるよう、声明を発表している。

ローマ教皇は世界11億人のカトリック教徒の頂点に立つ。それだけにキリスト教圏の政治や社会に与える影響は大きい。新教皇は今後世界をどのように導こうとしているのだろうか。

ラッツィンガー氏は1927年にドイツ・バイエルン州に生まれ、14歳でヒトラー・ユーゲントに入隊している。戦時中は航空機エンジンの製造、国境警備などに当たり、戦後神学校に入学した。その後、ボン大、ミュンスター大、レーゲンスブルク大などで教授を務め、1981年にヨハネ・パウロ二世から法王庁教理省長官を任ぜられた。

思想的には超保守派に属し、世俗主義や同性愛、妊娠中絶を厳しく排する。そのため、改革を望む信者たちの中には、ラッツィンガー氏が新教皇に選ばれたことを嘆く者も多く、カトリックが多数派を占めるフランス、イタリア、スペイン、ポルトガル、ベルギーなどでは、新教皇に対して批判的な見方も強い。

フランス各紙は「時代を後戻りさせる法王」「バチカンで一番の保守主義者」などという見出しをつけ、イギリス各紙は新教皇がヒトラー・ユーゲントの一員だったことをこぞって取り上げた。

だが、一方で新教皇の誕生を歓迎している人々もいる。シオニスト強硬派である。そもそもラッツィンガー氏は「ユダヤ人ではないか」とも噂され、ドイツ国内でも彼の公表されている素性についても懐疑的な見方がある。コンクラーベでは、二人の枢機卿がラッィンガー氏を法王にするため奔走したが、そのうちの一人はシオニスト・ユダヤに非常に近い人物とされている。

また、ラッィンガー氏自身、「ヨーロッパのキリスト教徒は、ナチスのホロコーストへの贖《しょく》罪《ざい》という意味ではなく、聖書の命令としてイスラエルを支持し、承認すべきだ」と語ったとも言われている。教皇に選出される直前には、イスラエルのユダヤ人入植者たちにメッセージを送ったともされ、新教皇とシオニスト・ユダヤの結びつきを指摘する声は強い。

バチカンもすでに闇の権力の支配下か

新教皇は、教会が世俗化し、その権威や発言力が失われることを警戒している。保守的思想に固執する点で、新教皇は「カトリック原理主義者」と言ってもいい。しかし、原理主義は他の宗派や宗教の原理主義との深刻な対立を生む。

新教皇が厳格さにこだわり、改革路線を望むカトリック教徒を排斥《はいせき》するならば、世界のカトリック教徒には反発や混乱が起こり、それはプロテスタントや他の宗教をも巻き込んで世界を混沌へと導くだろう。その行く末は、「宗教戦争」であり、「ハルマゲドン」であり、「文明の衝突」である。

ベルギーのル・ソワール紙は、新教皇の誕生を「進歩主義的なカトリック信者にとっては失望。第三世界のカトリック共同体においては警戒。他の宗教にとっては危惧。無神論者にとっては疑惑」と評したが、この論評は今後の世界を展望するうえで実に的を射ている。

拙著に度々書いてきたように、闇の権力者たちは宗教を乗っ取り、秘密結社によってバチカンを裏からコントロールしてきた可能性が高い。そうすることで、長きにわたって人々を支配してきた。

現在のバチカンは、イルミナティによって支配され、フリーメーソンによって動かされているとも言われており、これまでも黒い噂は絶えなかった。

第二次世界大戦後に共産主義が猛烈な勢いで世界各地に拡大したとき、ロンカリ枢機卿（後の教皇ヨハネ二十三世）はベネチアの黒い貴族からの支援を受け、共産主義の拡大に力を尽くしたと言われる。彼はＫＧＢ、ＣＩＡ、ＭＩ５及びＭＩ６といった各国の諜報機関から、マルクス主義シンパであると指摘され、反共産主義を推し進めた当時の教皇ピオ十二世と激しく対立した。

ピオ十二世はその後、極度のうつ状態から薬を多用して「病死」。ロンカリはその後を次いでヨハネ二十三世となったため、ピオ十二世の死には世界中から疑惑の眼が向けられた。

ローマ教皇をめぐる人事には、他にもきな臭い話が多い。1978年には、就任後わずか一ヶ月でヨハネ・パウロ一世が急逝。彼は教会の改革に着手しようとしていたため、「謀殺説」が取り沙汰された。

映画『ゴッドファーザー3』には、そのモチーフが使われている。さらに歴史をさかのぼれば、1769年には、クレメンス十三世がイエズス会の解散を命じた後、原因不明のけいれんにより突然死している。また、1773年には、クレメンス十四世がやはりイエズス会解散の命令を下し、その直後に「病死」した。その遺体はあまりに早く腐敗し、顔も誰だか見分けがつかないほどだったと伝えられている。

バチカンは2005年4月、台湾と断交し、中国との関係改善に力を入れる方針を打ち出した。かつて、ヨハネ二十三世が共産主義拡大に貢献し、ヨハネ・パウロ二世がレーガンと組んでソ連崩壊に一役買ったことを考えると、なぜここでバチカンが台湾と断交してまで中国に深く関与するのか、考えてみる必要がある。

バチカンは、そしてその背後にいる勢力は、儒教文明を骨抜きにし、中国共産党を崩壊させ、ユーラシア大陸に動乱を起こし、さらにはイスラム圏への侵食を狙っているのではなかろうか。

闇の権力者たちは、〝世界統一宗教〟のもとに人々を支配する青写真を抱いている。バチカンはその巨大な組織と影響力を駆使して、世界統一宗教への足がかりを築いているように見える。

キリスト教も仏教もイスラム教も、いまや絢爛《けんらん》豪華な装束と建造物、そして巨大なヒエラルキーと権威によって成り立っている。だが、神殿は私たちの心の内にあり、神は私たちの内にいる。

そのことに人々が気づけば、闇の権力者たちの野望は決して成就しない。

かつて聖フランチェスコは、裕福な生活、虚構で彩られた教会に別れを告げ、ボロを一枚身にまとって「宝は地上ではなく、天に積め」と説いた。その言葉に多くの人々が目覚め、従った。私たちもいま、天に宝を積むことこそが生きる意味であると、自らの行動をもって示す時を迎えている。

第7章　米政権に危機！　世界は変わる！

イラク暫定政権はアメリカの傀儡

２００３年3月19日（日本時間20日）、ブッシュ大統領はホワイトハウスで演説し、アメリカは強引にイラク戦争に突入した。

イラク戦争の大義名分であった大量破壊兵器は発見されず、国連をも無視して戦争を開始したアメリカに対して、中東諸国ばかりか、世界中の人々は猛反発した。そして、世界各地で史上最大規模の反戦デモが繰り広げられ、アメリカ国内でも反戦活動は高まったが、その声はブッシュ大統領には届かなかった。

結局、アメリカ軍は圧倒的な軍事力を見せつけ、４月９日にはイラクの首都バグダッドを制圧。５月１日にはブッシュ大統領により戦闘終結宣言が行われた。しかし、アメリカは戦争後のイラクを平和裏にまとめることはできなかった。反米テロが頻発し、その矛先は、アメリカに協力する関係諸国にも及んだ。

小泉首相は、戦後復興のために不用意にも自衛隊を派遣し、結果として日本人も人質となり、尊い命が奪われる悲劇が起こった。イラクで危険な状態が継続したことを受けて、戦後復興に軍隊を派遣していたいくつかの国々は撤退した。

イラクが〝ベトナム化〟したことで、アメリカ軍人たちの士気が低下し、アメリカは経済的にも窮地に追い込まれている。そして、当初はイラク戦争での勝利と意義を支持していたアメリカ市民も、様々な情報操作により戦争の大義名分が美化されてきた事実が暴露され始めると、ブッシュ政権による外交政策に対して疑問を持ち始めるようになっていった。

2004年6月28日、イラクを占領統治してきた連合国暫定当局（CPA）が、予定より2日早くイラクに主権を移譲した。しかし、主権を移譲されたイラク暫定政権は、米軍の力を借りて抵抗勢力を武力で鎮圧する方針を打ち出し、イラク国内外から「結局はアメリカの傀儡政権」と揶揄《やゆ》されている。

「主権移譲」は、本来なら2004年6月30日に華々しく執り行われるはずだった。しかし、イラク国内の治安情勢がそれを許さなかった。人の国に土足で入り込み、さんざん荒らしたあげく、万策尽きて体のいい「主権移譲」を強行したアメリカの無責任な態度は、7月以降、武装勢力のテロや抵抗運動をいっそう焚きつける結果となった。

イスラム教シーア派の急進的反米指導者サドル師は、当初暫定政府への協力を表明していたが、一転。「我々は血の最後の一滴まで占領への抵抗を続ける」とする声明を出し、暫定政権と対立している。同師には聖職者殺害の罪でＣＰＡから逮捕状が出ていたが、暫定政権が「組織を解体するならば罪を放免する」という方針を打ち出したことに猛反発し、徹底抗戦の構えを見せている。

サダム・フセイン支持者の多いスンニ派居住区（いわゆる「スンニ三角地帯」）では、フセイン裁判に反発する住民らのデモが行われ、デモ隊がロケット弾などを掲げて「我々はサダムに命を捧げる」と声を荒げる光景が見られた。また、バクダッドの中心街では、ロケット弾の攻撃を受けて暫定政権の財務省金融監督局長が死亡し、ファルージャではイスラム過激派のザルカウィ容疑者が率いる武装集団の隠れ家とされる民家が米軍によって攻撃され、イラク人５人が死亡するなど、反米武装勢力と米軍との衝突は後を絶たない。

こうした事態に対して、暫定政府は「非常事態宣言」を発し、武装勢力を制圧しようとしている。しかし、その実行部隊は米軍であり、暫定政権がアメリカの傀儡政権であることは明白である。

しかも暫定政権は、自らも武装集団を雇って、反体制派を武力攻撃しようとしている。関係筋には「暫定政権に秘密警察が創設されたのでは」と見る向きもあり、そんなことをしていてどこが「民主化」なのか、旧フセイン政権時代の恐怖政治とどこが違うのか、という声がアラブ諸国からやヨーロッパ諸国から挙がっている。

米国内でも高まるネオコン批判

イラク暫定政権を後ろで操るアメリカは、各国の兵士と軍資金を当てにして占領統治を強化し、イラクの国土や石油を完全に手中におさめたいところである。だが、主権移譲と同じ日に行われたＮＡＴＯ首脳会議で、ブッシュ大統領は独仏との関係を修復することができず、結局、ＮＡＴＯ軍を多国籍軍としてイラク復興に参加させる、という約束を取りつけることはできなかった。

各国はアメリカの欺瞞性を見抜き、アメリカと一歩距離を置く姿勢をあくまで崩さなかった。ブッシュ大統領と会談した際、国民に一言の説明もなく、いきなり「多国籍軍に参加する」と述べ、国会に事後承認させた小泉首相とは何という違いであろうか。

アメリカへの不信は、アメリカ国内でもじわじわと広がっている。アメリカではいま、米軍兵士の質の低下、士気の低下が深刻な問題になっている。米軍が委託した調査機関の報告によれば、新兵の約3分の1に逮捕歴があるという。これでは、兵士に「倫理観を持て」と言っても無理な話ではないか。

さらに深刻なのは、戦闘の現場を担う中堅の士官、下士官が大量に軍を去っていることである。士官がいなければ軍は機能しない。

彼らが軍を後にする背景には、アフガン、イラク両戦争において、ネオコンを中心とした文官たちが、イスラエルの掲げる「大イスラエル主義」のために、大義なき戦争に突っ走ったことへの反発がある。

イラクだけでも、すでに米軍兵士の死者は2500人超。命をかけて現場を預かる制服組にとって、自分たちの意見に耳を貸そうともせず、イスラエルを利する政策ばかりを打ち出すネオコンは、私利私欲にまみれた売国奴に映るのだろう。

制服組の離脱は、イスラエルのために兵士の命を無益に戦場に散らすネオコンと、それに引きずり回されるブッシュ政権への不満が頂点に達したためといっていい。

軍内部だけでなく、大手メディアからもネオコン批判が噴出している。米CNNは、イラク国内の刑務所などを統括していた米軍責任者が、「バグダッドの施設で、身元不明のイスラエル人が尋問者として活動していた」と話したことを報じた。また、イギリスBBCも、「イスラエルの最高裁判所が同国の情報機関に対して、イラク人への尋問の際、暴力の行使を容認していた」と報じた。

さらに、アブグレイブ刑務所の虐殺を報じた米ジャーナリストも、「イスラエルの工作員がイラク国内で活動している」と述べている。ブッシュ大統領がネオコンと距離を置き始めたのを見て、大手メディアもこれまで封印していたネオコン批判、イスラエル批判を解禁し、「アメリカの国益とは何か」を論じ始めたのである。

2004年のCNNの世論調査によれば、治安が安定していない段階でのイラクへの「主権移譲」に対して、国民の6割が「イラク政策の失敗」と回答している。さらに、今後の治安改善の見通しについても、7割が「米軍はダラダラとした駐留を余儀なくされる」と悲観的な回答をしている。

また2005年、アメリカでもシオニスト・ユダヤへの逆襲とも思える事件が起こった。ネオコンの親玉であるチェイニー副大統領の主席補佐官ルイス・リビーが、連邦大陪審の2年に及ぶ捜査の結果、「CIA工作員氏名漏洩《ろうえい》事件」における偽証、司法妨害など五つの罪状で起訴されたのである。

ブッシュ大統領の側近であるカール・ローブ大統領次席補佐官は、辛くも起訴を免れたが、検察側は今後もローブの捜査を続ける意向で、捜査の動向によっては、ブッシュ政権が危機に瀕する可能性も出てきた。

この起訴の背景には、イラク戦争をめぐる政権内の対立がある。イラク戦争開戦前、ネオコン勢力に支配されていた国防総省は、イラクがニジェールからウランを買いつけた契約書があると主張し、「フセイン政権が大量破壊兵器を保有している」と断定した。

これに対して国際協調派のパウエル率いる国務省は、元駐ニジェール大使のウィルソンに命じて、その契約書が偽物であることを立証させようとした。そこで国防総省は、ウィルソンを封じ込めるために、彼の妻がＣＩＡの代理人であることをマスコミにリークし、まんまと国民を戦争に引きずり込んだ。そのツケがいま、「反ネオコン」とも言える政権スキャンダルとなって、ネオコンとブッシュ大統領を追い詰めているのである。

自国がネオコンに寄生され、斜陽の一途をたどっていることに、米国民は危機感を募らせている。そのような国に、忠実な「同盟国」として追随する日本は、明らかに国際社会から浮いている。

アメリカは、現在世界規模での米軍再編を検討しており、在日米軍を見直し、中国や朝鮮半島へのにらみをいっそうきかせる戦略を打ち出している。アメリカの、そしてネオコンのための戦争の駒として、山紫水明と詠われた美しい日本が利用されていることを、私たちは自覚しなければならない。

２００４年、経団連が「武器輸出三原則」を見直すよう、政府に提言した。このまま三原則を守り続ければ、日本経済の活力も、技術力も、世界から取り残されるというのである。しかし、日本は平和憲法の精神にのっとり、殺りくに手を貸すようなことは絶対にしてはならない。仏教では命あるものを殺傷することはもちろん、そのような道具を作ることも「地獄行き」として厳しく諌めている。日本がすべきことは、八正道を実践し、アメリカのよき友人として適切な助言をすることである。日本もアメリカも、国民はまともな判断力を持っている。国際情勢の真実を知り、自立した人間として、立ち上がる時が来たのだ。

私の主張を裏づけた『華氏911』

９・11テロ以降のブッシュ政権・ネオコンの暴走に対して、警笛を鳴らす人々は、諸外国ばかりでなく、アメリカ国内の著名人からも現れた。

２００４年５月22日、マイケル・ムーア監督の映画『華氏９１１』がカンヌ映画祭で最高賞のパルムドールを受賞した。ブッシュ大統領のイラク戦争とテロへの取り組みを痛烈に批判したドキュメンタリーである。

９・11テロの首謀者とされるオサマ・ビンラディン容疑者の親族を含むサウジ有力者とブッシュ大統領の親密な関係を取り上げたばかりでなく、軍需産業関係者によるイラクの利権に対するコメント、イラク駐留米兵によるイラク人虐待の映像なども含まれている。当初、米娯楽・メディア大手ウォルト・ディズニーが漠然と「政治的すぎる」として傘下の映画会社ミラマックスに配給を禁止し、国際的に注目を集めた。

では実際のところはどうだったかというと、ムーア氏の代理人によれば、同作品が配給・公開された場合、ブッシュ大統領の実弟のジェブ・ブッシュ・フロリダ州知事を怒らせ、同州内で運営するテーマパークやホテルの税制面での優遇措置に悪影響が及ぶことをディズニー側が懸念したからである、と5月5日付ニューヨーク・タイムズ紙は報じている。

その後の6月下旬、配給問題は解決されたが、17歳未満は保護者同伴を義務づけるR指定とされて、ムーア氏にとっては不本意な公開となった。しかも、上映されたのは全米でわずか870館ほど。

ムーア氏のメッセージがアメリカ市民に届くには障害があると思われたが、封切られてみると、各地で当日券の売り切れが相次ぎ、大盛況となった。公開3日間での興行収入が、全米ランキングのトップとなったのだ。

2004年の大統領選挙を前にして、面白くなかったのはブッシュ・共和党陣営である。上映館に苦情のメールを送る運動を始めた保守系団体もすぐに現れた。また、歌手リンダ・ロンシュタットさんが自分のショーで『華氏911』を称賛し、映画を見に行くよう呼びかけると、会場のホテル側がショーを打ち切り、ロンシュタットさんを退去させるという事態も発生した。このように、保守系団体からの抗議や圧力も激しく続いた。

『華氏911』は疑惑に満ちた9・11テロを、アメリカの庶民に伝えることに一役買った。マイケル・ムーア監督の真意と『華氏911』を通して伝えたかったテーマは、観客の判断に委ねられるのであろうが、誠実さに欠けるブッシュ大統領によって、いかに世の中が狂い、戦争によって無実の人々が命を落とすことになったのか、十分に訴えかけるものだった。

ブッシュ大統領はかろうじて2004年の大統領戦を制した。しかし、『華氏911』の盛況が意味したこと、大接戦の末にケリー候補を下したこと、イラクの戦後処理などで、少なくとも、ブッシュ政権が必ずしもアメリカ国民の支持を得られていなかったことは明白で、今後の米政権は前途多難と言える状況になるだろう。

ブッシュ大統領が「9・11テロを自作自演した」として訴えられた！

9・11テロは、ブッシュ政権による自作自演のテロであったとする説が、ヨーロッパばかりか、アメリカ国内からも沸き起こっている。世界貿易センター（WTC）ビルに突入した航空機が通常の民間航空機ではなかった点や、激突前にミサイルと思われる物体が発射されていたことがスロー映像で示されている。そのような大胆かつ大規模な犯行を行うことができたのは、アメリカ政府に通じた人々であるとしか考えられないからである。

そして、事情を知った者たちがアメリカ政府を相手に立ち上がり、次々と訴訟が起きている。その中で、最も興味深いケースがある。

それは、9・11テロで亡くなった犠牲者の遺族たちと、事件に関連した原告が全米から集まって、9・11テロを防ぐ努力を怠ったとして、ジョージ・W・ブッシュ大統領、ディック・チェイニー副大統領、ドナルド・ラムズフェルド国防長官、コンドリーザ・ライス元大統領補佐官、ノーマン・ミネタ運輸長官を含む10人を訴える手段に出たのだ。

これは、独立調査委員会による追及とはまったく別の動きである。そして、原告側は9・11

テロに対して、〈LIHOP（Let It Happen On Purpose）意図的に起こした〉という説を主張している。つまり、9・11テロはブッシュ大統領らによる〝自作自演の犯行〟であったと考えているわけだ。

しかも興味深いのは、その証拠は十分にそろえてあるとし、ブッシュ大統領の弾劾と真実の公表を要求していることである。

原告側の代表役を務める弁護士がスタンリー・ヒルトン氏で、共和党ボブ・ドール氏の元シニア・アドバイザーであり、米政界の内部事情に大変詳しい人物である。ヒルトン氏の情報源には、FBI、CIA、NSA（国家安全保障局）、海軍諜報局等内部が出所のものが含まれているという。そして、ヒルトン氏率いる原告側は、2002年6月3日にブッシュ大統領らを連邦地裁で正式に訴え、前代未聞の70億ドルの賠償金を要求した。

これまで、彼らは9・11テロに関連した情報公開を米政府に求めてきたが、強力な抵抗を受け、国家安全保障を盾に文書公開を拒まれてきた。しかし、近い将来には、連邦裁判所の法廷にブッシュ大統領を立たせる目標を掲げて尽力している。

この裁判が注目されれば、現政権の崩壊ばかりか、過去の様々な陰謀が暴露され、アメリカという国家は大変革を体験することになるだろう。

ヒルトン氏が得た情報で、わかっていることを紹介してみよう。

例えば、ヒルトン氏はハイジャック犯の一人とされた人物の妻から貴重な証言を得ている。その妻によると、ハイジャック犯たちのうち7人を知っており、彼らは二重スパイであり、10～15年間、アメリカで活動を行ってきたという。

彼らのうち何人かは、「アルカイダ」という言葉を使用したが、言葉だけであり、それは何も意味するものではなかった。彼らはアメリカ政府に扇動され、援助されていた。

彼女によると、彼らはイスラム過激派ではなかった。コーランの教えを守るようなイスラム教徒ではなく、酒を飲み、金に飢えたプレイボーイたちであったという。彼らはＦＢＩ、ＣＩＡなどの米諜報機関から定期的に金銭を受け取る代わりに、アメリカ国内で活動するアラブ人グループの情報提供を行ってきたというのだ。

ヒルトン氏は、９・11テロの主犯格とされたモハメド・アッタと彼の弟に直接会ったことのある人物からも証言を得ているが、その証言によると、二人はオトリであったと考えられる。

そして、ジェット機の先端部分に装着された遠隔操作用のコンピューター・チップを利用して、空軍基地の近くから操縦権を遠隔で奪って９・11テロを起こしたという決定的な情報を得たという。ちなみに、その遠隔操作システムは「サイクロプス」と呼ばれているそうである。

ヒルトン氏は、さらに興味深い証言を得ている。9月11日の4日前、ピッツバーグ郊外に墜落したのとまったく同じ便であるユナイテッド航空93便に、テロ犯とされた人々が搭乗して予行練習と思われる活動を行っていたというのだ。

その際、彼らは諜報機関の人々と連絡を取り合い、本物のパイロットや彼ら自身が操縦したのではなく、遠隔でコントロールされるのを確認していたという。

そして、ヒルトン氏は、一連のテロや戦争が、ネオコンとイスラエルの諜報機関モサドによって引き起こされていると指摘する。また、アメリカ国民を容易にコントロールするために、恐怖をばら撒き、政府への依存体質を高めるべく、彼らは敢えて米経済を不景気(財政赤字拡大)に導いているという。

これがアメリカを戦争に向かわせる背景であり、究極的には、イスラエルが神に約束された土地であると考える勢力によって、ナイル川からユーフラテス川まで、領土拡大を達成するまでアメリカによる戦争が続けられるものとヒルトン氏は推測している。

イスラエルの諜報機関モサドと米国ネオコンは、長年にわたってイスラム世界が悪であると世界に認識させるために様々な工作を行ってきた。

原告側への妨害と残念な裁判結果

２００４年9月10日、アメリカでは大変興味深いラジオ番組が放送された。「アレックス・ジョーンズ・ショー」である。アレックス・ジョーンズ氏はテレビやラジオのホスト役として有名で、アメリカ政府による陰謀暴露など、常識に縛られない新奇な話題をドキュメンタリー・タッチで取り上げることで定評がある。

そのジョーンズ氏の番組のゲストとして、スタンリー・ヒルトン氏が登場したことがある。先述したように、ヒルトン氏は、9・11テロの責任はブッシュ大統領にあったとして、遺族たちを代表して、70億ドルもの巨額の賠償金を要求する裁判を起こしている。そのヒルトン氏が提訴後の状況について報告したのだ。

ヒルトン氏は、以前から、ブッシュ政権が9・11テロを許してきたと主張してきたが、ラジオではもっとはっきりと証言した。興味深いことに、9・11テロはブッシュ大統領の個人的な命令により起こされ、それを証明する文書や証人が得られているという。つまり、ブッシュ大統領は反逆と大量殺人の罪で裁かれる必要があるとヒルトン氏は主張しているのだ。

それればかりではない。ヒルトン氏は起こした裁判を取り下げるよう、大きな圧力が加えられたと思い切って公言したのである。

２００４年3月にはヒルトン氏のオフィスに空き巣が入り、重要な書類が盗まれた。幸い、コピーを安全な場所に保管していたため、難を逃れた。だが、ハイジャック犯とされた人物の妻による証言から、アルカイダはアメリカ政府が作り上げた組織であり、アルカイダとブッシュ大統領は直接つながっている等、決定的な情報が書かれた書類を得たが、それが狙われ、盗まれたという。

また、２００４年9月にもオフィスから重要な書類が盗まれた。

さらに驚くべきことに、裁判所の首席裁判官とそのアシスタントが、集めた情報を公開しないように直接ヒルトン氏を脅し、提訴を取り下げるよう迫ったというのだ。その裁判官は、アッシュクロフト氏が長官を務める司法省にも連絡をとったようで、司法省からも裁判を取り下げるよう脅しの電話があったという。

それだけでなく、ヒルトン氏も彼のスタッフもＦＢＩの捜査官たちによって繰り返し嫌がらせを受けており、自分の身に危険を感じていると語った。

ヒルトン氏が得た情報によると、9・11テロの2ヶ月ほど前から、どのように事件に対処すべきかも含めて、ブッシュ大統領以下、側近たちは繰り返しリハーサルを行ってきたという。そのリハーサルでは、現実に似せたビデオテープが使用されたようで、ハイジャック機が世界貿易センター（ＷＴＣ）ビルに突入する内容も含まれていたそうである。そのため、事件当日は誰も見たことのなかった一機目の激突シーンを、後日ブッシュ大統領はテレビで見たという発言をしてしまったらしい。

　また、そのリハーサルは前日の夜まで行われていたため、ブッシュ大統領にとっては、事件当日のジェット機突入事件は大きなショックにはならなかった。それで、事件が起きても、リハーサルの記憶とダブって、大きな動揺なしに、フロリダの小学校で子供たちの朗読をしばらく聞き続けるという不可解な行動をとってしまったというのだ。

　ブッシュ大統領が事件の前日にリハーサル映像をテレビで見ていたことについては、あるＦＥＭＡの職員が証言してくれたという。また、ＦＢＩ、国防総省、空軍の職員たちによる、予行演習となるリハーサルが数多くこなされたという証言もとれたそうである。これによって、事件当日のブッシュ大統領の不可解な行動が説明されたとヒルトン氏は思ったという。

　しかし、ここで、残念な報告をしなければならない。ヒルトン氏による訴訟は、９・11テロに欺瞞《ぎまん》を感じている人にとってはその後の展開に期待の持てるものだったが、２００５年１月、主権免責等を理由に棄却されてしまったのだ（ヒルトン氏ら原告に加えられた圧力や妨害が影響したのかどうかは定かではない）。

その後、ヒルトン氏を含めた24人は、第九巡回区連邦控訴裁に上告したが、２００５年6月に再度棄却され、訴訟は終了してしまった。

ただ、ヒルトン氏がもたらした情報は決定的なものだったし、ヒルトン氏の行動と発言は、９・11テロに疑念を抱いた人々に対して大きな影響を与えたと言ってよいだろう。

希望を捨ててはいけない！

最近の世論調査によれば、9・11テロにアメリカ政府が関わっていると考える人々は、ニューヨーカーでは半数に及ぶという。また、カナダでは63％、ヨーロッパでは3分の2の人々が、やはり９・11テロにはアメリカ政府が噛んでいたと考えているという結果が出ている。

これは興味深い数字である。もちろん、アメリカ国内では、都会で民主党支持者が多く、ブッシュ政権に批判的な人々が多い。そのため、都会でこのような世論調査を行うと高い数字が現れる傾向があるが、アメリカ全体では半数を大きく割り込むだろう。メディアによる現在までの報道を見る限り、平均的なアメリカ人にまでは、この〝ブッシュ犯行説〟は浸透していないだろう。

しかし、マイケル・ムーア監督の『華氏911』の影響もあり、今後、ブッシュ犯行説は決して大それた見方ではないという状況がやってくる可能性がある。現在、2004年の大統領選挙において共和党陣営が不正行為を行った疑惑に関しても、NPO団体が追及しており、マイケル・ムーア監督も協力しているという。ヒルトン氏らによる訴訟が棄却されたことにより、不満の声がさらに高まるかもしれない。

そろそろアメリカは大きく動き始めるだろう。それは、ネオコンの影響力が強化されて、世界が不穏な状況になるにつれ、一般市民の力もそれに対抗するように増大し、かねてより私が提唱している「世界平和」と「ワンワールド」を模索する動きとなって現れてくると期待している。

フォトンベルトに入る2012年12月までの6年間、どう生き抜くべきか、私は真に人間復興を目指し、自立した人間として立ち上がっていくチャンスに恵まれたことに希望を見出している。

いま日本列島に住むすべての人にとって、これからの6年間、心の浄化と真実の情報を身につけながら生き抜くことができれば、その後の時代、世界をリードしていく人として立ち上がっていけることを信じつつ。

「右の２枚は、世界で最も権威のあるABI（American Biographical Institute）より『21世紀の偉大な女性』（Great Women of the 21st Century）として選ばれるとともに、『21世紀の偉大な思想家』（Great Mind of the 21st Century）として選出されたときの賞状です。

それは長い間、人間性の回復を通して世界平和を目指し、運動してきたことの意義が認められたのでしょう。

さらに時を同じくして、英国のIBC（International Biographical Centre）より、『21世紀を代表する2000人の知識人』（2000 Outstanding Intellectuals of the 21st Century）として選出されたことを証するのが左の１枚です。

今後ますます国際会議への出席も多くなるかと思います。それらの体験を皆さまと共有してまいりたいと思っています」（中丸 薫）

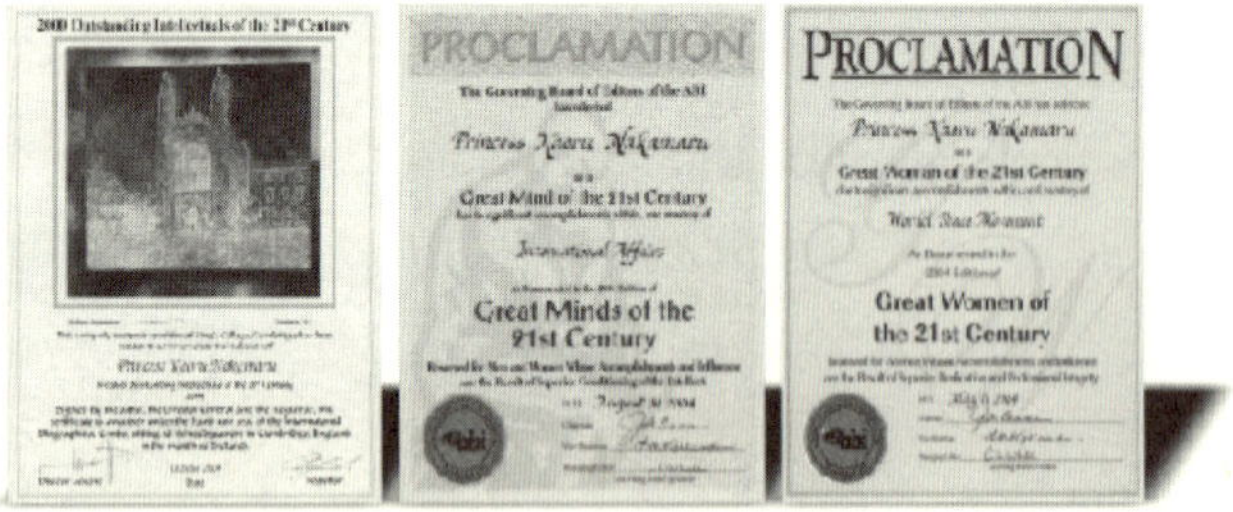

『太陽の会』のご案内

国際問題研究所理事長・中丸薫は、世界186ヶ国以上を巡り、各界のリーダーたちとの出会いを通して、「生まれた環境や立場に違いがあろうと、すべての人々の心の奥底には共通した平和の願いがある」ということを実感しました。そして、「真の世界平和とは、この地球上に住む私たち一人ひとりの心に平和の願いが宿ったときに初めて実現される」と確信しました。

『太陽の会』という名には、「一人ひとりが、太陽のように調和ある“まろやかな心”を輝かせ、ともに真の人間復興をもととした世界平和に向けて立ち上がってほしい」という願いが込められています。

『太陽の会』は平和を願う人々の想いが源です。社会的身分、職業、年齢等はいっさい問いません。この会で出会い、学び、情報交換を通して自らの心を磨き、主体的に調和ある新しい社会、時代を創造することを目指している方であれば、どなたでもご参加いただけます。

『太陽の会』では、人間復興を目指した「心の成長」と、世の中の「真実の情報」を得ることを何よりも大切にしています。会員の皆さまが、研修会などを通して心を見つめ育み、また、「中丸薫のワールドレポート」や講演会を通して、マスコミからは決して知りえない情報を知ることによって、世界平和の担い手としてお一人おひとりが立ち上がっていただけることを目指しています。

特典：
（1）「中丸薫のワールドレポート」の配信（年12回）
（2）当会主催の講演会、研修会参加費の割引
（3）講演ビデオ等の割引（書籍を除く）

年会費・申込方法：同封の葉書をご覧ください。

お問合せ先：国際問題研究所
〒113-0021 東京都文京区本駒込1-27-10-403
Tel: 03-5976-5772　Fax: 03-5940-6481

資料協力・図版提供　ケイ・ミズモリ
カバーイラスト　中丸忠弥

著者プロフィール

中丸 薫（なかまる かおる）

国際政治評論家。コロンビア大学政治学部、同大学院国際政治学部、同東アジア研究所卒業。

1970年代より、世界のトップリーダーにインタビューするジャーナリストとして活躍。'73年にはニューズウィーク誌テレビ特集版で、『インタビュアー世界No.1』の評価を受け、ワシントンポスト誌でも「時の人」として取り上げられる。各国大統領や国王との対談を行ったり、数々の国際会議に出席するなど、民間外交を積極的に展開。旧ソ連、北朝鮮、韓国、イランなどから国賓待遇で招待を受けている。また「太陽の会」を主宰し、「中丸薫のワールド・レポート」を発行するなど、国際政治の大衆化を目指した活動を続けている。'74年より通産省審議委員、'80年より外務省「海外広報協会」評議委員、「日本ペンクラブ」会員。

著書は、『"闇"の世界権力構造と人類の針路』、『明治天皇の孫が語る闇の世界とユダヤ』、『日本が闇の権力に支配される日は近い』、『国際テロを操る闇の権力者たち』、『世界はなぜ、破滅へ向かうのか。』(以上、文芸社)。『真実のともし火を消してはならない』(サンマーク出版)、『アメリカに巣くう「闇の世界権力」はこう動く』、『闇の世界権力をくつがえす日本人の力』、『古代天皇家と日本正史』、『泥棒国家日本と闇の権力構造』、『この国を支配／管理する者たち』（以上、徳間書店）など多数。

気高き日本人と闇の権力者たち

2006年９月10日　初版第１刷発行

著　者　中丸 薫
発行者　瓜谷 綱延
発行所　株式会社文芸社
〒160-0022　東京都新宿区新宿１－10－１
電話　03-5369-3060（編集）
03-5369-2299（販売）

印刷所　東洋経済印刷株式会社

ISBN4-286-00616-6